互联网改变实体消费的翘楚
科技改变生活的鲜活例证

U0908306

滴滴程维

在巨头阴影中前行

他是一个颠覆者，依仗一块小小的手机屏幕，撬动板结了几十年的利益格局；他用自己的成功经验，告诉无数创业者，创新的步伐，永远要跟随消费者的脉动。

甘开全／著

新世界出版社
NEW WORLD PRESS

图书在版编目（CIP）数据

滴滴程维：在巨头阴影中前行 / 甘开全著. —北京：新世界出版社，2017.5

ISBN 978-7-5104-6210-8

Ⅰ. ①滴… Ⅱ. ①甘… Ⅲ. ①程维－生平事迹 Ⅳ. ①K825.38

中国版本图书馆CIP数据核字（2017）第034478号

滴滴程维：在巨头阴影中前行

作　　者：甘开全
责任编辑：张杰楠
责任印制：李一鸣　吴海兵
出版发行：新世界出版社
社　　址：北京西城区百万庄大街24号（100037）
发 行 部：（010）6899 5968　（010）6899 8705（传真）
总 编 室：（010）6899 5424　（010）6832 6679（传真）
http://www.nwp.cn
http://www.nwp.com.cn
版 权 部：+8610 6899 6306
版权部电子信箱：nwpcd@sina.com
印　　刷：北京彩眸彩色印刷有限公司
经　　销：新华书店
开　　本：710×1000　1/16
字　　数：210千字
印　　张：17
版　　次：2017年5月第1版　2020年6月第2次印刷
书　　号：ISBN 978-7-5104-6210-8
定　　价：42.80元

版权所有，侵权必究
凡购本社图书，如有缺页、倒页、脱页等印装错误，可随时退换。
客服电话：（010）6899 8638

PREFACE 前言

在巨头阴影下，创客突围大法

夜幕降临，街道萧索，行人渐稀。在美国洛杉矶街头，在动感的摇滚音乐中，在众多美女的欢呼雀跃中，经过精心改装的赛车在街道上一字排开，蓄势待发。嘀的一声，比赛的哨声刚刚响起，那些赛车就像火箭一样，呼啸而去，在暗夜中疯狂奔跑。这些亡命的飙车族期望在街头飙车大赛中扬名立万，赢得荣誉和财富。这就是电影《速度与激情》中所描绘的亡命飙车的情景。

不过，这种“速度与激情”赶不上滴滴出行*狂飙突进的发展速度。滴滴出行以80万元人民币起步，仅用4年的时间就发展成为估值约350亿美元的互联网公司，成为最大的移动出行平台。对于创办滴滴出行的感受，程维是这样描述的：“我每天感觉坐在一辆飞速行驶的车上，轮子都要飞出去了，但是我们还要踩油门，每天都惊心动魄。”

自2012年成立以来，滴滴出行一直在巨头阴影下开快车，这些巨头除了百度、阿里巴巴、腾讯之外，还有联想和美国优步（Uber）。在激烈的市场竞争中，腾讯投资了滴滴出行，而阿里巴巴投资了快的打车，联想投资了神州专车，百度与Uber也走向了联合。在巨头阴影下，程维这位年轻的“80后”创客开始施展突围大法。

* 2012年9月上线，初名“嘀嘀打车”。2014年5月改名为“滴滴打车”。2015年9月又改名为“滴滴出行”。为了叙述的方便，并为了不致让读者产生混乱，如非必须，本书在提及该公司或该打车软件时，将不使用曾用名，而统一使用现名“滴滴出行”。——编者注

第一，艰难淬火

艰难淬火，就是在有限的资源下，攻坚克难，在瞬息万变的市场中，在水深火热的环境中，顽强地生存下来。

在滴滴出行草创时期，没有钱，也没有技术，只有“移动互联网让出行更美好”这个纯粹的梦想。梦想还是要有的，万一实现了呢？程维在找到打车难的市场痛点之后，就从阿里巴巴辞职出来创业。没有钱，他就游说前同事做天使投资人；没有技术，他就从别处挖人。为了降低研发成本，程维把滴滴出行打车软件外包出去，结果收获了一个半成品叫车软件，在演示时该响的时候不响，不该响的时候却响了。

程维找了很多风险投资人，均遭到拒绝。没有钱，怎么做地面推广？程维打算与出租车公司合作，但是对方称没有主管部门的红头文件，他们也不敢做。后来，程维又去出租车司机集聚的场所，向司机直接推广，一开始一天的装机量只有七八个。后来，由于滴滴出行打车软件出现流量偷跑的现象，结果司机围攻滴滴出行办公室，当着程维的面摔手机。

在困难面前，程维没有退缩，而是迎难而上，继续积极开展地推活动，在北京西站、北京南站、首都机场（即北京首都国际机场）等地，不厌其烦地向司机推广。程维坚信“当努力到无能为力的时候，上天就会帮你”。结果，地推人员仅在北京西站就安装了1万个司机端。程维高兴地说：“我们是靠着‘小米加步枪’，一点一点地，顽强地生存下来的。”

有了市场数据之后，滴滴出行赢得了投资人的认可，开始进行多轮融资，以期利用资本跑得更快。

第二，速度秒杀

速度秒杀，就是不断加快发展速度，迅速覆盖全国市场，拓展更多业务线，秒杀一个又一个竞争对手，奠定行业老大的地位。

程维根据在阿里巴巴学到的“运营真经”，在滴滴出行平台中不做黑车、加价、账户和硬件，就是开展闪电战，图谋跑得更快。在北京市场，滴滴出行血拼摇摇招车，程维精打细算以80万元人民币成功对抗已获得

350万美元投资的强大对手。当时，摇摇招车占据了首都机场这个（出租车流量很大）制高点，结果程维采取“游击战”“四处开花”“百团大战”的打法，在北京西站、北京南站、首都机场等地开辟了8个服务点，以一当十，将摇摇招车打败。借此战绩，滴滴出行获得了腾讯的投资。

在上海市场，滴滴出行与大黄蜂打车软件争霸，程维集中力量，实施重点突破，最终把大黄蜂困死在上海。在杭州市场，滴滴出行直捣黄龙，杀向快的打车的总部，而快的打车背后的金主正是电商巨头阿里巴巴。

为了争夺全国市场，滴滴出行与快的打车，你追我赶地展开补贴大战。在混战中，双方均宣称所投入的补贴已经达到19亿元。就在滴滴出行（背后金主腾讯）与快的打车（背后金主阿里巴巴）打得不可开交时，美国出行巨头Uber凶猛杀到，并与搜索巨头百度达成战略合作。为了对付共同的敌人，滴滴出行与快的打车一笑泯恩仇，程维通过“情人节计划”，在22天之内完成了滴滴出行与快的打车合并，在中国打车市场形成了绝对统治地位。

很快，美国Uber就在中国市场掀起“专车大战”，神州专车（背后金主是IT巨头联想）也入局厮杀。程维通过投资合作的方式，迅速开展全球合作结盟、构建出行生态体系。滴滴出行先后与Lyft、Ola和Grab Taxi开展合作关系，建立共享出行全球合作框架，为中国、美国、东南亚和印度的国际旅客群体提供无缝出行服务，覆盖全球人口的50%。这一打法，让美国Uber感到压力山大，最终在2016年8月与滴滴出行达成战略协议。滴滴出行将收购Uber在中国的品牌、业务、数据等全部资产。这标志着中国共享出行行业进入崭新的发展阶段。

第三，内功精进

内功精进，就是要打造新型商业模式，制定公司发展战略，同时还要加强团队管理、升级战斗力，不断提高产品的服务和体验水平，精益求精，完善公司文化和价值观体系。

在将各种“影子”巨头转化为“滴滴出行的共同投资人”（如阿里巴巴、腾讯等）之后，程维整合了阿里巴巴的人、百度的技术、腾讯等投资人的资本，不仅解决了打车难的市场痛点，还缓解了城市交通拥堵、雾霾天气等问题。

在打车难方面，程维实施“全平台接单100%应答”、设计出行档次化，让任何用户在任何地方、任何时间，都能在3分钟内叫到车。此外，为了让用户实现体面出行，程维还推出了“专车ACE服务”，让用户享受极致舒适体验。

在交通拥堵方面，程维提出了潮汐战略，就是要整合社会上的专业运力和零散运力，并通过分档运营手段，来灵活满足高峰期、贫峰期等不同时段的民众出行需求，从而缓解交通拥堵问题。

在雾霾天气方面，随着滴滴出行渐入人心，很多家庭放弃了私家车出行。全国有1400多万名司机在使用滴滴出行打车软件之后，所减少的空驶率，相当于创造了600千米以上城市一级公路，而每年减少的汽车尾气则相当于再造了1200万亩原始森林。这对减少雾霾天气具有积极意义。

在修炼内功、解决社会问题的过程中，滴滴出行也形成了独特的企业文化和价值观。程维说：“滴滴唯一不变的是变化，不变是容易的，但只有不断变革才能造就伟大的公司。变的是节奏，变的是打法。不变的是‘移动互联网让出行更美好’的梦想，不变的是‘简单开放、激情做人、独立思考、极致执行、拥抱变化’的价值观。”

在短短几年创业历程中，程维凭着艰难淬火、速度秒杀、内功精进“三招大法”，在巨头阴影中成功突围，上演了无数次“速度与激情”。最终，程维荣耀加身，不仅获得了“2015年十大经济年度人物”，还作为中国互联网企业家代表参加在西雅图举办的美国第八届中美互联网论坛，并成为世界互联网大会乌镇峰会的座上宾。滴滴出行既获得了政府的认可，也成了行业标杆。

本书分别从创业初心、平台规划、极致服务、修补短板、团队建设、资本运用、战略突破等7个方面，综合解读了滴滴出行CEO（首席执行官）程维，如何在巨头横行的互联网江湖中，在复杂多变的市场环境中，打造出最大的移动出行平台、编织美好出行梦想的全过程。现在，让我们一起走进他的故事，真正读懂这一中国经典创客。

CONTENTS 目录

第3章

谋极致：
3分钟就能叫到车

第4章

补短板：
我们是被催熟的

第5章

带团队：
相信梦想，相信事在人为

第6章

资本局：

无路可退，唯有大步向前

第7章

新战略：

我们面临着最艰难的挑战

附录

第1章

创业源：

冲动、直觉与勇气

创业是源于冲动、源于直觉、源于勇气的，一开始我们就觉得是个机会，做好了就有人用，当时真的没有很清晰的判断（风口或机会）。

——程维

不安分的“80后”创客

西雅图的秋天，阳光灿烂，美景无限。不经意间，秋风飒飒，树叶齐下。在这个翡翠之城里，如茵透绿的草坪随处可见。在绿草地上，金黄的落叶、绯红的枫叶点缀其间，显得愈发妖娆。这一天，西雅图迎来了科技界最重要的一批客人——出席中美互联网论坛的大佬们。

互联网论坛的年轻人

2015年9月23日，第八届中美互联网论坛在美国西雅图微软总部举行，世界级企业大佬共聚一堂，共同探讨如何建设一个和平、安全、开放、合作的网络空间。滴滴出行董事长兼CEO程维就是其中一位，也是其中最年轻的。程维创立滴滴出行才3年，就能获邀参加本届互联网盛会，确实是机会难得。

参会企业是中美科技界的中坚力量，其中中方互联网企业代表包括阿里巴巴董事局主席马云、腾讯CEO马化腾、百度总裁张亚勤、联想集团CEO杨元庆、京东CEO刘强东、奇虎360董事长兼CEO周鸿祎、搜狐CEO张朝阳、新浪CEO曹国伟等，而美方互联网企业代表则包括微软公司CEO纳德拉、英特尔CEO卡扎尼奇、IBM CEO罗睿兰、苹果CEO库克、高通CEO莫伦科夫、脸书CEO扎克伯格、亚马逊CEO贝佐斯、雅虎创始人杨致远等。

程维，男，1983年出生于江西省上饶市铅山县河口镇。2012年，程维从阿里巴巴支付宝事业部离职，创立了小桔科技，并推出了在线智能叫车系统——嘀嘀打车（后改为滴滴打车、滴滴出行）。面对众多老资格、老江湖、老面孔，程维是年轻态中国创客“将梦想变成现实”的代表，可以说是中美互联网论坛中的年轻人。三十几岁的程维创办滴滴出行仅几年，就获得与中美互联网企业大佬平等对话的机会，也与中国政府对“大众创业、万众创新”的高度重视密切相关。

当天，程维西装革履，戴着学究式的眼镜，身材魁梧且有点发福，所以影响了很多人对他真实年龄的判断。随着镁光灯咔嚓咔嚓响起，程维的眼镜闪耀着阵阵光芒，激动的心情不可名状。

时光倒退到几年前，程维还是一个在路边打不到车的乘客，现在他已经华丽转型为中国典型的创客。这一切如梦似幻，却又真实发生了。

程维毕业于北京化工大学行政管理专业，读的既不是名校，学的也不是什么热门专业，所以在人才市场上不算什么香饽饽。程维唯一的优势就是比别人勤奋一点点、坚韧一点点。2005年，阿里巴巴并购雅虎中国，成为当时热门一时的“雅巴联姻”。随即阿里巴巴不断招兵买马，加紧在全国跑马圈地。正是乘着这阵东风，程维顺利进入阿里巴巴旗下的B2B公司，从事一线销售工作。

程维跨界进入电商领域，一开始很多东西根本听不懂。开会时，见到别人张口B2B、闭口C2C，说得热血沸腾。程维却是一头雾水、似懂非懂，于是他只能暗暗记下某些术语，然后凭借着超强的自学能力回去补功课。当时，程维通过翻阅黄页、电话销售、拜访客户、关系营销等多种方法销售阿里巴巴的诚信通产品，其实就是引导新企业在阿里巴巴注册，然后付一定的费用购买诚信通服务，以便获得诚信认证，赢得更多买家的信任。

做销售确实很辛苦，既要巧舌如簧，有时又要靠运气。很多人坚持不下来纷纷离开，但是程维坚持了下来。经过多年历练之后，程维从懵懵懂懂的销售学生兵，迅速成长为销售精英。销售没有太多秘诀，靠的就是不断扩大客户基数以保障极其微小的转化率。由于程维每天打的电话比人家多、拜访的客户比人家多、现场功能展示的机会也比人家多，所以他的销售业绩一路飙升。

由于销售业绩靓丽，程维晋升成为当时阿里巴巴最年轻的区域销售经理，负责拓展北京市场。这时，程维的压力更大了，从前只要管好自己的一亩三分地就行了，而现在却要管好整个团队。这时，程维一边自学团队管理的知识，一边把自己的销售经验分享出来，复制众多精英。

做了6年销售之后，程维再次获得提升，2011年他出任支付宝B2C事业部副总经理，负责支付宝产品与商户的对接。就这样，程维从一位区域销售经理迅速转型成为产品经理，需要考虑的问题更多了。做产品既要考虑线上功能，又要做好线下对接，还要跟进客户需求做出各种各样的调整，程维的能力获得了全面提升。

在PC互联网转型进入移动互联网时代，程维看到无数创业者开发了各种各样的APP，极大地丰富了手机应用商店。有的APP公司仅靠几个年轻人就能创造出惊世骇俗的成绩，有的大企业砸下重金做出来的APP却成了垃圾。面对移动互联网创业大潮的风起云涌，程维不安分起来，终日想着跳槽创业，不给自己的人生留下悔恨。

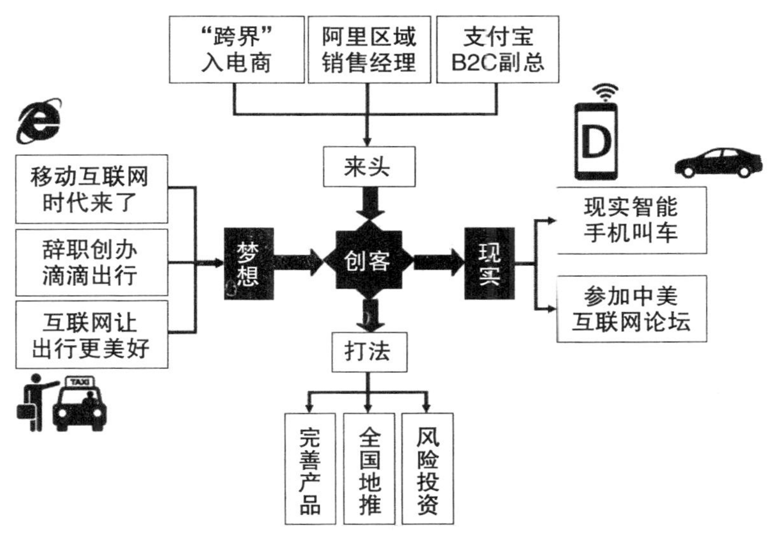

在路上的“80后”创客

成功靠的是快速学习能力

创业做什么项目？一开始，程维也很迷惘，于是他又继续待在阿里巴巴，用9个月的时间思考自己到底想要做什么。程维在阿里巴巴淬炼多年，也学了不少真经——要想把事情做大，还是要做平台，而且这个平台要符合移动互联网的发展趋势。

最后，程维决定做打车软件，当时他认为做个打车软件也许会轻松点，正如马云所说的那样，创业要挑最简单的事情做。

2012年6月，程维与几个创业伙伴一起创业，9月上线了滴滴出行打车软件的原始版本嘀嘀打车。后来，事情出现了戏剧性的变化，这个打车软件处于“衣食住行”的“行”行业，是各路猛虎拼死争夺的“最后一头肥羊”，所以打车软件市场竞争立马白热化。

各地的竞争对手都在摇旗呐喊、攻城掠地、抢占山头，如快的打车、摇摇招车、酷米客公交、易到用车、一号专车、嘀嗒拼车、易打车等。为了快速抢占市场，程维敢想敢做，决定采用“三面出击”的快速打法，一边完善产品，一边做全国地推，一边寻找风险投资。就这样，滴滴出行仅用不到一年的时间，便成为打车市场中的领先者，不断获得资本市场的认可和追投。

有了资本，一切似乎变得顺利多了。正如李彦宏在《硅谷商战》中指出的那样：在硅谷，成功之路的第一步就是获得风险投资！目前，滴滴出行已经完成多轮融资，资本在握。但是，程维团队并没有骄傲，而是继续奉行“移动互联网让出行更美好”的信条。众多小桔子们依然不断完善滴滴出行平台，以整合社会运力解决出行难题。

程维是滴滴出行董事长兼CEO，他上下班经常会掏出手机用滴滴出行软件叫车。有人就说，程维既然做了老总，起码得有部专车，没有必要多此一举，天天用打车软件。可是，程维却反驳说：“如果自己都不相信第三方叫车服务，那么还有谁相信？”

由于滴滴出行的出现，移动互联网才真正改变了中国民众的出行方式，路边打车已受到越来越多的挑战。现在，人们只要在智能手机里下载滴滴出行，或者通过支付宝和微信钱包都可以打开滴滴出行，实现一键叫车。人们不仅在中国可以用滴滴叫车，就连在美国也可以用滴滴叫车。

在讲了程维的创业简史之后，让我们将话题再次转回到第八届中美互联网论坛。

这次随访，费用全部要企业自己买单。程维认为这是件好事，所以他带了管理团队过去，一来与美国企业谈合作，二来借此机会好好向美国企业学习成功经验。

在论坛期间，滴滴出行不仅与美国打车应用Lyft签署了战略合作协议，还与全球最大的职场社交平台LinkedIn达成战略协议。就这样，程维通过国际化合作，让滴滴出行名正言顺地进入了美国市场。程维说："现在，风向发生了变化，中美两边的资本、技术之'风'开始对流。之前，中国互联网企业的发展总是以慢于美国同行三五年的节奏在走。现在，中美两国的互联网人才、技术、资本，都开始齐头并进了。"

在论坛结束后，很多企业大佬都是"各回各家，各找各妈"，但程维还是不想失去这么好的学习机会。于是，他还带领管理团队去参观苹果公司、特斯拉汽车公司、全球民宿预定平台空中食宿（Airbnb）等美国互联网科技创新公司。程维说："我们期待与这些美国最创新的公司做很深入的交流，希望不要辜负这个时代。"

天下武功，唯快不破！从程维身上我们可以看到，移动互联网的年轻创客要想成功，就要靠这种快速学习能力和超乎想象的成长速度。

找到打车难的市场痛点

一天清晨，阳光透过层层雾霾，变得朦朦胧胧，洒在北京朝阳区朝外大街上。在车水马龙的大街边，30层的泛利大厦就像一座雄伟的中世纪城堡一样把众多知名公司小心翼翼地包裹起来，让上班族们远离尘器，潜心做事。阿里巴巴北京分公司就在泛利大厦里面办公，今天注定是一个忙碌的开工日。

上班不久，就有一位西装革履、戴着一副黑边眼镜、皮肤白皙、身材魁梧的男生拎着公文包，急匆匆下楼，开始在路边招手叫车。他是阿里巴巴的一位销售经理。只见他时而拿出手机查看时间，时而取出机票查看飞机起飞时间，无论如何他都要在飞机起飞前45分钟赶到北京首都机场。要不然，航空公司一旦停止办理登机手续，他就去不了阿里巴巴杭州总部开会了。

乘客遭遇打车难

“嗖嗖嗖”，无数辆出租车风驰电掣而过，司机根本不理睬他，因为现在是上班高峰期，很多挤不上公交和地铁的白领们都扎堆搭乘出租车。任凭这个男生如何招手、叫喊，都没车回应，他只能望着这车水马龙频频叹气。

过了许久，终于有一辆出租车停下来了，司机冷若冰霜地飘出一句：“去哪儿？”

“去首都机场！”销售经理兴奋地叫起来，就要伸手去拉开车门。

“不去不去，机场高速要收费，我去了还要空车开回。”司机说完就转动方向盘开走了，排气管里喷出一股废气，扬长而去。很明显，这个司机属于拒载没商量的类型。

销售经理并没有泄气，他挽起衣袖，继续招手拦车。街上车来车往，寒风阵阵，那只挥舞的手马上冻得发红。

吱一声，又有一辆出租车停下来了，司机摇下车窗，看了一下在冷风中苦等的销售经理，幽幽地说：“去哪儿？”

“去首都机场！快点，我要赶飞机。”销售经理好像捡到了一根救命稻草一般。

“不打表，不开票，两百块去不去？”司机一听乘客赶时间，马上漫天要价起来。

这个销售经理盘算了一下，从朝外大街泛利大厦到首都机场，途径首都机场高速公路和京平高速公路，全程30千米不到，乘车时间约为38分钟，打车费用约为80元，现在司机要价200元，实在有点心痛。

“能不能便宜一点？”销售经理想讨价还价。

“要赶时间又不想花钱，我可没工夫等你。”司机说完，就骂骂咧咧地把车开走了。

面对挑客宰客的司机，这位销售经理也没有办法，谁叫他自己没有车呢。眼看着越来越接近飞机起飞的时间，他心急如焚，盘算着只要再拦下一辆出租车，不管司机提什么要求都要上车，因为误机的损失更大。

面对汹涌车流，这位销售经理一边挥舞右手，一边远眺来车。他要从成千上万的车辆中识别出哪辆车是出租车，还要看清楚哪辆出租车是空车，还要对司机察言观色判断他的出租车是否会停下来。经过一段时间，手都摇麻了，嗓子也喊哑了，最后才有一辆出租车摇摇晃晃地停下了。

“去哪儿？”司机探出头问。

这位销售经理一看，就知道那是一辆差不多要报废的出租车，车身磨损、座椅脏乱，但是为了赶时间他不管这么多了。他二话不说径直跳进去，先让司机开出一段路才说他要去的目的地，因为他害怕离办公楼太近，司机随时会兜回去找乘客拼车。

一路折腾，当他赶到机场时，飞机已经飞走，他只能改签其他班机，还补了不少机票差价。销售经理原本以为打车会快一些，结果落得了破财又误机的双输结果。

几年前，人们在路边打不到车是常有的事，尤其对于程维这种经常出差的人，由于打不到车误机更是常有的事。

在滴滴出行没有诞生之前，虽然相关部门的监管不断强化、市民也投诉不少，但是出租车司机拒载、挑客、宰客、拼车、不打表、漫天要价的行为，还是屡禁不绝。这就是乘客打车难的市场痛点。

司机对于拖家带口的、行李较多的乘客，一般都会习惯性拒载。有时乘客打车全靠运气，运气好就能打到，运气不好就难说了。由北京联想到全国，北京出租车这么多，人们都遭遇打车难，那么其他地方打车难也就见怪不怪了。

有一次，程维的亲戚从江西到北京旅游。为了尽地主之谊，程维就在北京王府井一家餐厅订好了座位，约定晚上7点开饭，希望能好好招待他们。没想到这么一点小事，也因为打车难而扫了大家的兴。

那天，下午5点的时候，亲戚兴致勃勃地打电话过来告诉程维：

“可以点菜了，我们已经在路边打车了，7点开饭应该没有问题！”

程维十分高兴，开始点菜，准备让餐厅张罗一桌好菜。不久，热腾腾的饭菜端满了桌，万事俱备就差客人了。到了晚上7点开饭时间，连亲戚的影子也没见着，倒是前来吃饭的其他人越来越多。程维料想，路上堵车，迟到一些也是正常的，于是就耐心等着。

程维等着，等着，一直等到了晚上8点，原先热腾腾的饭菜已经变成冷冰冰的了。程维见事不妙，开始烦躁起来。这时，亲戚又打电话来说：“打不到车呀，你能不能过来接我们呀。”

江西的亲戚初来北京，人生地不熟，结果遭遇打车难，好好一桌菜他们也没有口福顺利享用了。无奈之下，程维只好自己到路边打车去接他们过来。当大家经过一番折腾回到餐厅后，已经无心吃饭了。

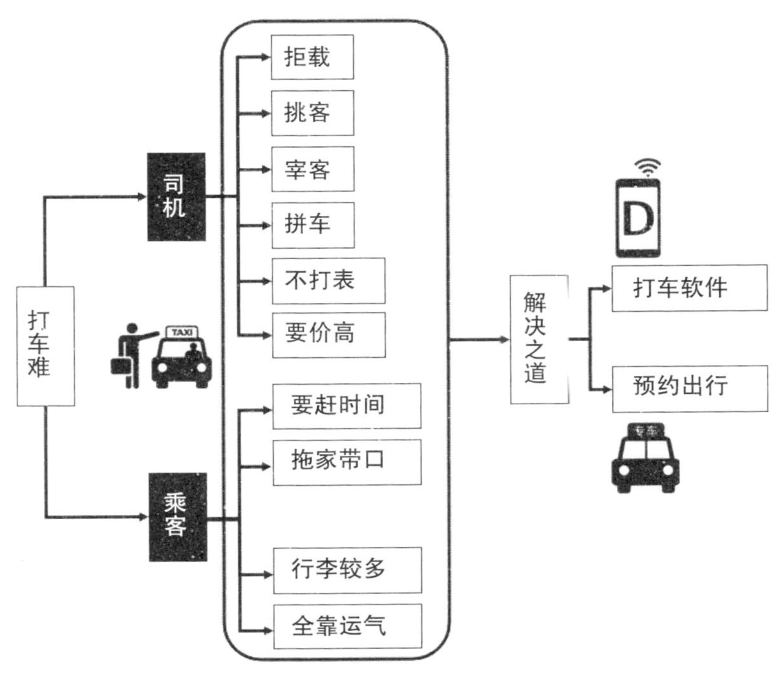

解决打车难的社会问题

有痛点就有商业机会

市民打车难，这是出行市场的痛点。程维感同身受，决定做个打车软件来改变这种现状。正如阿里巴巴创始人马云所说：“如果想成为伟大的公司，必须要解决社会问题。”程维有了创业的想法后，开始咨询周围的人，希望能争取大家的支持，但是所有的人都说不靠谱，反对的声浪此起彼伏。

“出租车司机连智能手机都没有，你做的打车软件他们怎么能用得上呢？”有同事反驳说。

“在市场基础不成熟的情况下，创业才可能成功。如果智能手机已经普及了，司机和乘客的用户习惯也教育好了，市场已经成熟了，你再做打车软件，基本上没有机会了。”程维据理力争，希望迅速启动创业项目。

“你做打车软件太不靠谱了，因为诚信是个大问题。一方面，乘客在叫车的时候，司机却不来接；另一方面，即使司机开车来接了，乘客也有可能上其他人的车。”有朋友煞有介事地分析起来。

“中国互联网改变了‘衣食住’，而移动互联网一定会改变‘行’。”程维振振有词地说，“其实人们在出行方面有痛点和需求。就像在没有淘宝网之前，我们到实体店买东西似乎也不觉得很麻烦，同样，在没有打车软件之前，你也没觉得打车有多困难。而有了打车软件后，需求和痛点被发现并解决，你就会发现在路边打车受冷受热是多么痛苦，而提前用打车软件叫辆车在楼下等你是那么惬意。”

当时，程维还在阿里巴巴上班，但是他的创业梦想已经开始萌芽。不过，他要做打车软件这个想法，却得不到身边朋友的支持，他问了10个人，10个人都说没戏。这时，要不要坚持自己的梦想呢？

在程维看来，这是创业者必须闯过的一关，那就是力排众议，坚持梦想，拥抱新生事物。程维说："创业之初你会听到很多质疑的声音。我每天都在问我自己这个事能不能做，反复衡量，不停地问自己，不停地磨砺自己。这就是创业的第一关。"

试想一下，当年马云在杭州自己家中创办阿里巴巴时，在24个朋友当中，有23个人反对，只有1个人说可以试试看。后来，马云还是启动了阿里巴巴项目，建立了商贸对接B2B平台，经过十几年的努力，终于实现了"让天下没有难做的生意"的愿望。马云说："很多人一生输就输在对新生事物上，第一看不见，第二看不起，第三看不懂，第四来不及！"

要知道，在别人看不懂的时候做打车软件还来得起，等大家都看懂了，你再做机会就不大了。在找到打车难的市场痛点之后，为了抢占先机，程维果断从阿里巴巴辞职，开始创业。

80万元人民币起步

在京杭大运河的南端有一颗璀璨明珠，那就是素有“人间天堂”美誉的杭州。杭州城里高楼大厦，交相辉映；西湖上浮光跃金，游人如织；钱塘江边，大潮涌动，涛声如雷；杭州湾上，商船来往，飞鸟盘旋。杭州风光秀丽无限，阿里巴巴的发展也是一日千里，但还是留不住怀抱创业梦想的程维。正所谓，海阔凭鱼跃，天高任鸟飞。

创业光有想法和热情还不行，还需要有打基础的启动资金。搞互联网就是一项烧钱的事业，程维自己积累的资金明显不足，他需要找天使投资人（给草创公司提供创业资金的人）。找谁呢？找陌生人是指望不上了，还是找熟人、找信任自己的人比较靠谱（即所谓熟人众筹）。于是，他像马云当年向亲朋好友融资50万元创办阿里巴巴一样，开始活动起来，四处游说。

游说前同事做天使投资

考虑到亲朋好友一时间拿不出这么多钱来支持自己，程维想到了阿里巴巴高管王刚。程维与王刚在阿里巴巴B2B、支付宝商户事业部一起共事多年，彼此是相互信任的。

一天，程维找到一个机会跟王刚悄悄地说：“我们一起出去合伙创业，你看怎么样？”

“做什么项目？”当时，王刚也有意创业，不过他更想做的是开办一个投资公司，用于孵化各种各样的创业项目，而不是亲自运作某个项目。

“做打车软件，你看靠不靠谱？”程维直截了当，说出了自己的创业想法。

“这个想法不错。在中国打车难，这是大众主流的刚性需求，而且国外有类似的模式，像英国打车应用Hailo刚刚拿到了融资，这个方向貌似可行，但不能完全拷贝。”王刚认为打车软件这个创业方向还是可行的。

“现在启动资金不足，你能不能支持部分资金？”程维知道王刚做阿里巴巴高管多年，收入不错，手里应该抓着不少钱，即使他不能在资金上面支持自己创业，也可以介绍其他天使投资人给自己。

“没问题。”王刚决定支持自己的兄弟、多年的同事程维做新公司的CEO，因为做投资就是赌未来，如果不赌就谈不上什么商业机会了。

最终，程维和王刚商定，程维出资10万元，王刚出资70万元，合计80万元启动资金。2012年，程维先离开阿里巴巴，从杭州回到北京开始创业，他从阿里巴巴最年轻的区域经理转变为滴滴出行的创始人兼CEO。随后，王刚也离开阿里巴巴，从阿里巴巴高管转型为滴滴出行的天使投资人、联合创始人。

有了创业的启动资金，程维开始在北京满大街地找办公场所，由于没有多少钱，他只能找最便宜的地方。这一天，程维满怀希望地来到了北京市海淀区中关村，那是中国第一个国家级高新技术产业开发区，被誉为“中国的硅谷”。打车软件虽然很小，但是好歹也是个高新技术公司，如果公司能在中关村安营扎寨，对于后续的融资、招人和发展都有好处。

看着那些高大上的办公楼，看着那些玻璃幕墙上倒映着的蓝天白云。程维做梦都想进驻到里面去，给员工谋个良好的办公环境。但是，理想很美好，现实很残酷。程维手上没有这么多钱，也请不起地产中介帮忙物色最佳的办公室，只能亲自扫楼查找物美价廉的办公场所。

程维租来一辆车，从北京四环开始寻找，一边找一边向中关村方向靠拢。只要看到挂出招租信息的建筑，程维就让开车的师傅停下来，自己前去查看一番，规划一番。这些地方要么太大价格太贵，要么太憋屈不适合办公，一时间找不到什么合适的办公地点。最后，程维摸索到了中关村大街11号中关村e世界。

中关村e世界地上有14层，地下有4层，原先设计为电子卖场，这里的租金和物管费也不低。当时，程维没有钱租商铺，只能去找一些商家谈合作，看能不能找个空一点的地方合拼办公室。

“你要办公室就没有，你想要仓库倒是有一个。”一个做电子产品生意的商家正好有个仓库闲置。

“看看再说吧。”程维认为这是一个好机会。

随后，在商家的带领下，程维前去查看办公室，发现这个仓库可以做一间办公室和一间会议室，只是那个会议室没有窗户，空气不流通。经过一番权衡，程维只能将就着接受这样的办公环境了。

就是这样，程维在这里成立了北京小桔科技有限公司，开始招人，开发打车软件，并在线下找司机安装该软件。

程维在阿里巴巴工作多年，销售和业务拓展能力比较强，但是要开发线上打车软件，却是一头雾水，正所谓“线下有余而线上不足”。程维说：“我认识的有线下背景的创业者，95%面临的困难都是找不到技术合伙人。我自己也是，线下的执行力是有，但是我没有技

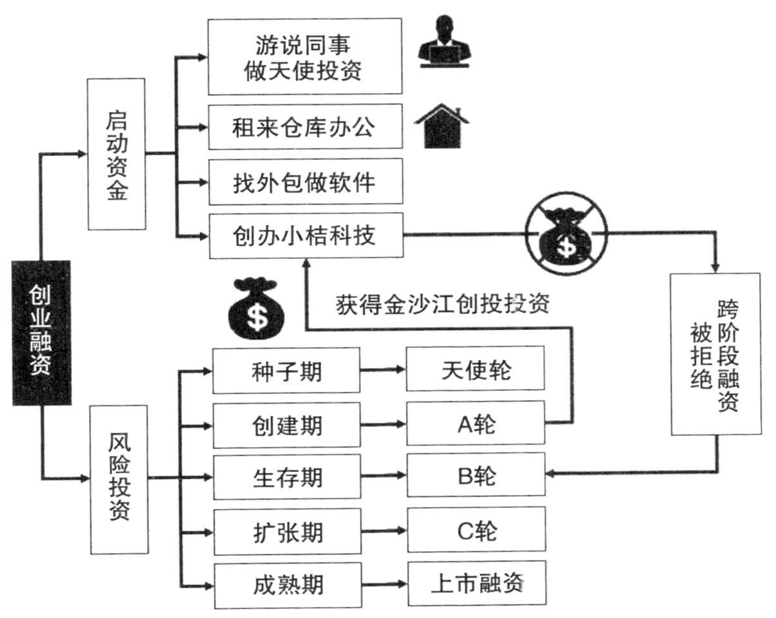

创业之初融资经验不足

术合伙人。”

有钱、有办公室了，却做不出打车软件，怎么办？摆在程维面前的就两条路，要么自己组织团队开发，要么外包出去给别的公司开发。当时，程维希望用两个月的时间上线滴滴出行软件，自己对这些移动互联网APP技术又不是很懂，这样的办公条件要想组建技术团队也很难，不如找外包公司做。

融资经验不足差一点死掉

经过与外包公司的反复交涉和折腾，程维还是做出了一个演示和勉强上线的产品。这时，程维和王刚开始去寻找更大的融资，程维想要融500万美元。他们把当时主流风险投资机构（VC）都找遍了，但是都没有获得融资。这不能怪投资人没有眼光，主要是当时程维他们的融资经验不足，他们要的融资额度太高，与滴滴出行的发展阶段严重不匹配。

下面，我们简单说明一下，企业处于不同的发展阶段要如何融资。

创业公司从提出商业构想到企业创立、发展、成熟，是有生命周期的，一般可以分为种子期、创建期、生存期、扩张期和成熟期。

在种子期，企业的创业者们可能只有一个创意或一项尚停留在实验阶段的科研项目，创办企业也许还是一种梦想。在这个时期，创业者需要投入启动资金做出样品、演示材料，或者对自己的创意进行测试或验证。这时，创业者需要吸引天使投资人对其创业想法进行投资，天使轮融资金额度一般为50万~100万元。一开始，程维的创意就是要做打车软件，王刚觉得这个发展方向不错，就给他投资了70万元，成为了滴滴出行的天使投资人。

在创建期，创业者为了实现产品的经济产业价值，着手筹建公司并进行试生产。这时，创业者需要进行A轮融资，融资额度一般在200万~1000万元。

在生存期，创业者需要大量的资金，用于市场推广并形成稳固的商业模式。这时，创业者需要进行B轮融资，融资额度一般在500万~3000万元。

在扩张期，企业一般进入行业前三甲，这一阶段融资的重点是为企业上市做好准备，针对上市所需的条件进行调整和改进。这时，创业者需要进行C轮融资，C轮融资一般来说就是上市前的最后一轮融资，通常都是千万美元级别甚至几亿美元。

在成熟期，企业一般已成功上市获得较强的融资能力，要么继续开拓原有业务，进行国际化，要么开始进行收购兼并等资本运作。

据此，我们可以看出，2012年滴滴出行还处于种子期，程维就拿着滴滴出行的演示软件，想要跨阶段融资，拿到生存期的钱，要融得500万美元（约合人民币3000万元）。程维无意间就从天使投资跨过A轮融资，想要直接拿到B轮融资的钱，这是不可能的。因为滴滴出行还处于种子期，还没有发展到生存期。怪不得风险投资人不理会他们。

拿不到风险投资的钱，滴滴出行处境堪忧，尽管程维绞尽脑汁压缩公司运营成本，但是租金、人工费每月都在消耗，打车软件又无法自行造血，获得收入，很快程维和王刚共同出资的80万元就烧没了。

“资金严重不足，能否再次给予帮助？”程维打电话向王刚告急。

“这是我们孵化的第一个项目，宁可后面不投其他公司，也会扛下去。”王刚选择扛下去，后来王刚又借给滴滴出行几十万元，用于日常运营开支。

创业几个月下来，程维心力交瘁，陷入迷茫。如果打车软件继续烧钱不止，天使投资人没钱了，风险投资机构又不能雪中送炭，那么滴滴出行就要走到尽头了。公司要么转型做别的，要么宣告失败。

看着中关村e世界下面人来人往和滚滚车流，程维不得不考虑公司后面可能面临的严峻挑战。在没有创业之前，程维自己还是个销售经理，可以天南地北随便跑，各种费用由公司报销。现在，自己凭着一股冲动和直觉创业了，搞出了个打车软件，现在有什么事情只能自己扛了。没想到创业不到一年，虽然自己省吃俭用、精打细算、悭吝无比，但是公司的资金链还是断了，眼看就要失败了，万般痛苦涌上心头。

2012年冬天，北京无比寒冷，滴滴出行也在死亡线上挣扎。这是滴滴出行最后的机会了，如果再没有风险投资机构注入资金的话，滴滴出行将很难熬到2013年。

然而，希望总是在绝望至极时才会到来，就像人们只有经历了黎明前的黑暗才能见到曙光一样。

在苦熬几个月之后，金沙江创投合伙人朱啸虎主动找上门来了。程维大喜过望，努力抓住这次难得的融资机会，不仅做足了各种演示准备，还将融资额度进行了适当缩减。令程维惊讶的是，朱啸虎几乎答应了他提出的所有条件，双方很快就敲定了滴滴出行的A轮融资。

2012年12月，金沙江创投向滴滴出行注入300万美元，让滴滴出行获得了过冬的寒衣。真是“久旱逢甘霖”。滴滴出行这颗种子在获得A轮融资之后开始茁壮成长起来，程维开始不断招兵买马，大张旗鼓地发展滴滴出行。

培育市场的艰辛岁月

冬天来了，北京降雪了，晶莹剔透的雪花像朵朵棉絮一样在寒冷的空气中尽情飞舞。天地之间一片空蒙，松柏上堆满了蓬松松、沉甸甸的雪，寒风袭来，树枝震颤，那些集聚已久的雪就会簌簌地落下来，飘扬出玉屑似的雪沫。地上积雪很深，无数车轮陷入雪中。

在别人看来，这是一场风光无限、造福万物的瑞雪，但是在滴滴出行的同事们看来，这却是一个严酷无比的战场，因为在这样寒冷的冬日里他们要进行极其艰难的地推（即地面推广）活动。

海量派单无果而终

在中关村e世界一间没有窗户的会议室里，程维不顾头昏脑涨，通宵开会，不断给地推人员下达任务目标。

“我们计划在两个月内装1000个滴滴出行软件！”程维的热情再次高涨起来。

“我们有这么多人，每人每天找司机装10个，不出一个月就能完成任务。”同事们也是信心满满。

同事们拿着滴滴出行的传单激情澎湃地出发了。他们走向人群密集的地方，走向小区，走向办公楼，走向汽车站、火车站、地铁口，逢人就派发传单。有的同事跑到小区居民楼的电梯里贴宣传单，希望坐电梯的居民能看到广告在智能手机上安装滴滴出行软件。有的同事专门到北京国贸大厦附近，在路边、在办公楼向上班族海量派发传单。他们认为，国贸大厦附近是北京中央商务区，这里应该有较多的潜在用户。

很快，滴滴出行的传单就像雪片一样疯狂地发到了无数的市民手中，店铺里、单车上、汽车上、门缝里，随处可见。可是，这种海量派单，收效甚微，一天下来，在后台一查数据，根本没有什么人安装滴滴出行软件。

到了晚上，做地推的同事们都垂头丧气地回来了。有的同事手里还抱着很多根本发不出去的传单，有的同事手里拿着不少脏兮兮的传单——那是他捡回来的人们扔掉的传单。

“怎么样？”程维急切地问。

“很难！人们天天都问同样的问题，你们有没有交通委（即交通委员会）的红头文件呀？没有文件，你们也敢做？”有同事抱怨起来。

“程总，你家里有没有在交通委的亲戚，如果有的话，可以请他帮忙。”有同事提建议。

既没有交通委的红头文件，也没有关系，怎么办？

当时，程维就想换个城市试一试。深圳毕竟是中国改革开放建立的第一个经济特区，是中国改革开放的窗口，在这样开放的城市里面，人们应该更容易接受滴滴出行这种新生事物。

于是，程维挑选出来的精干地推人员挥师南下，来到深圳，进行海量派单推广。结果，他们碰到同样一个问题。很多市民都会问滴滴出行的地推人员：“你们有没有交通委的红头文件呀？”

虽然改革开放几十年，但是很多人的观念还没有真正从计划经济转变到市场经济来，以为只有靠红头文件、靠政策的东西，才靠谱。所以，很多人对于没有红头文件的新生事物，根本不敢放胆尝试。

没有红头文件，换城市海量派单也不行，下一步该怎么办？程维始终坚信，方法总比困难多。

从0到1的突破

“直接找乘客不行，不如找司机装软件！”程维又提出了一个思路。

“如果没有乘客使用，司机装滴滴出行又有什么用？”做地推的同事认为，这样搞有些本末倒置了。

“北京有189家出租公司，拥有成千上万名司机。我们定的目标是两个月内突破1000个司机，应该没有问题。况且这些客户是相对集中的，不像路边派单那样分散，推广起来更加有针对性。”程维分析起来。

做地推的同事又抱着宣传单，一家出租公司一家出租公司地去谈合作。结果40天过去了，还是没有一家出租车公司肯跟滴滴出行合作签约。同事们的情绪十分低落，觉得滴滴出行越来越不靠谱。

这时，程维鼓励大家：“大家再坚持一下，跑完189家，没有一家愿意跟我们合作，我们就认了，放弃。”

在地推人员出去找合作单位后，程维也在办公室里冥思苦想，想尝试新的推广方法，如果出租公司不合作的话，下一步就直接找司机个人合作了。

“好消息。有一家出租车公司愿意跟我们合作了。”一天，有一个同事激动不已地打电话给程维。

“你们是怎么谈合作的？”程维十分高兴，这个可是从0到1的突破呀，这种经验得好好借鉴与推广。

“上酒桌呗！”那个同事忍不住笑出声来。

后来，程维了解到，当时做地推的同事，不经意间摸索到北京昌平一家叫作营商出租的小型出租车公司里。

“滴滴出行就是手机中的‘打车神器’，这个东西可厉害了。它利用移动互联网的特点，将线上与线下融合起来，乘客在手机上下单，司机在手机上接单，比传统的电话召车与路边扬招牛多了。你只要装了这个东西，你就有接不完的单，有收不完的钱了。”地推人员讲得天花乱坠、口干舌燥。

“你说什么，手机接单是怎么回事？”那些司机迷惑不解。

在当时来说，滴滴出行是新生事物，鲜为人知。下面简单介绍一下滴滴出行这个手机APP的产品特点和优势。

滴滴出行手机APP最大的贡献就是改变了传统打车方式，培养了“互联网+出行”的现代化出行方式。传统的电话召车，需要两头沟通，乘客打电话下单，客服打电话通知司机去接载。传统的路边扬招，则是乘客在路边招手示意下单，而司机则要不断扫街、随机接单，乘客和司机的成功对接具有很强的偶然性和不确定性。

而滴滴出行的诞生，彻底颠覆了这两种传统的打车市场格局，它采用O2O（线上与线下）的运营模式，从乘客下单、司机接单、乘客上车、司机接载到乘客下车、司机收费、乘客在线支付，全流程画出一个乘客与司机紧密相连的O2O完美闭环。滴滴出行最大限度地匹配了用户和司机的需求，优化了乘客打车体验，同时降低了司机盲目扫街的空驶率，最大化节省司乘双方的资源与时间。

当然，滴滴出行属于移动互联网里较为专业的手机应用，对于当时的司机来说还是知之甚少。

看到司机们摸不着头脑，滴滴出行的地推人员只好请出租车公司的司机们去喝酒。酒过三巡、觥筹交错、酒香弥漫，司机们觉得这些做推广的年轻人也挺不容易的，于是就趁着酒劲答应与滴滴出行合作了。营商出租是北京昌平一家较小规模的出租车公司，只有70辆出租车，但是他们最先答应让司机在智能手机上安装上这个连他们也搞不清楚的滴滴出行软件。

接下来一个星期内，滴滴出行又在北京签下了4家出租车公司，地面推广开始有了起色。

程维认为，北京有突破了，深圳也不能落后，于是他就打电话给深圳的工作人员说：“北京有突破了，你们还没有突破就是你们的问题啊。”

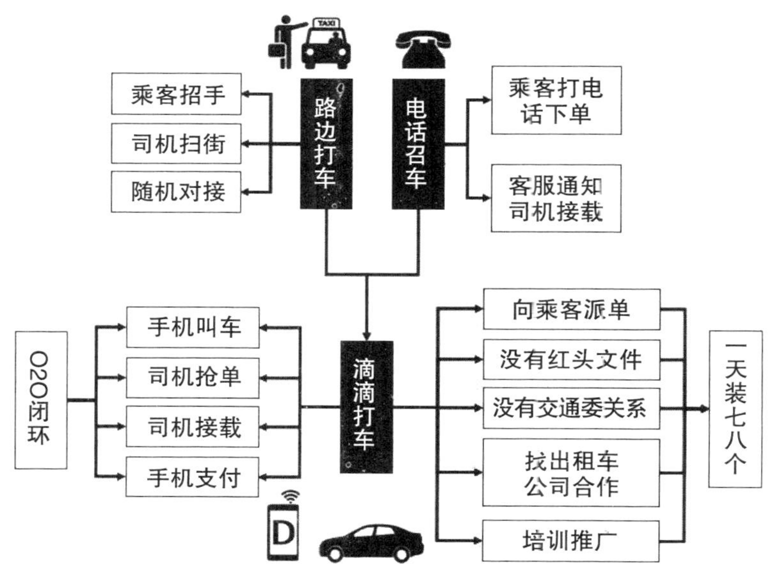

滴滴出行软件的艰难推广

“北京开了个好头，我们深圳也要有所突破了。”深圳地推人员再出去谈合作时，纷纷以北京的出租车公司作为合作案例，不断游说深圳当地的出租车公司与他们合作，很快也有了突破。

随着地推不断获得突破，与滴滴出行合作的出租车公司越来越多，司机们虽然装了软件，但是不会使用。于是，程维开始组织人员分散到各个出租车公司给司机做培训。

搞培训提高装机量

有一次，培训人员不够用，程维只好亲自去做培训。那个出租公司正好在北京市大兴区北京市监狱附近，当时滴滴出行软件还派不上用场，程维只好在路边打车。

“去哪儿？”好不容易停下一辆车，司机满脸堆笑地问。

“去大兴监狱附近！”程维一本正经地说。

“哎哟，那个地方呀，去不了。你再换一辆出租车吧。”司机失落地开走了。要知道，北京市大兴区可是监狱的集散地，像什么北京市监狱、女子监狱、未成年犯管教所、外地罪犯遣送处等机构都安排在那里。司机觉得去那个地方会沾染晦气，所以他选择拒载。

程维苦笑一下，只能继续在路边扬招，搭乘别的出租车去目的地。到了培训现场，程维看到有100多位司机在会场里交头接耳，热议最近的一些花边新闻，没有人注意到台上已经站着一个胖小伙准备发表“重要演讲”。

“我是阿里巴巴出来的，虽然是出租车的门外汉，但是我在互联网公司做了很多年。我知道，移动互联网可以帮助很多人提高工作效率，我在阿里巴巴就成功帮助很多行业提高了效率，帮他们赚了钱。但是，这么多年来出租车行业却没有根本性的变化。只要你们装上我们这个滴滴出行软件，就可以提高你们的接载效率，帮助你们赚更多的钱。”程维演讲时，抑扬顿挫富有节奏感，眼中流出真挚之情。这是他多年在阿里巴巴做销售经理训练出来的演讲技巧。

但是，台下那些司机好像一潭死水，无动于衷，很少有司机抬头看他，很多时候他们都在埋头做其他事情，有的嘴里念念有词，好像在小声嘟囔着什么。后来，程维才了解到，司机们最讨厌的就是开会了，既耽误赚钱，还经常被无聊的商家推销各种机油、汽油、汽配，他们始终觉得程维嘴里所说的滴滴出行就是一种新型的骗术，最好不要理会，一理会就会上当、吃大亏。

那天，程维一番演讲下来，收获还算比较大。因为，虽然在100多个司机中只有20多人有智能手机，但有七八个司机装上了滴滴出行，已经算不错的成绩了。后来，有一位做培训的同事特别高兴地打电话跟程维说：“今天我获得了巨大的突破，有12个司机装了滴滴出行。”

这个做培训的同事之所以高兴，是因为程维凭一番激情演讲才装了七八个，而自己却让12个司机装了滴滴出行软件，可以说有点“功高盖主”了，足以评为“优秀员工”了。

做地推取得一点点突破，员工就会沾沾自喜起来，可是程维却高兴不起来，反倒觉得特别凄凉。依据程维的地推计划，要在两个月内实现1000个滴滴出行APP的装机量，可是现在一天只装七八个，真不知道公司什么时候才能做起来。

极致执行，尖刀突破

寒来暑往，时光飞逝，天上白云苍狗，变幻无常，地下车水马龙，热闹非凡。程维知道不少司机已经安装了滴滴出行软件，可是司机的手机里似乎只有流量没有订单。在没有订单的日子里，流量是个大问题，流量费就像一把尖刀在割司机们的心头肉。

流量偷跑，司机“暴动”

一天，公司楼下开来了一辆又一辆出租车，浩浩荡荡，司机们成群结队地冲上了滴滴出行办公室。

“谁是管事的？”司机们怒不可遏地吵吵嚷嚷起来，有的挽起袖子摩拳擦掌，有的吧嗒吧嗒地抽烟以助声威。看到这个阵势，滴滴出行的员工们都愣住了。

“怎么回事？”程维出来查看情况。

“你们都是骗子！”当着程维的面，有一位领头的司机把一部智能手机摔烂在地上，义愤填膺地叫喊起来，“你们这个滴滴出行软件一天十几个M，却没有一个订单。”

“M是什么？”程维没搞清楚司机们所说的M指什么，后来才明白，司机们所说的M就是手机流量单位MB（兆）。当时司机们并不知道M就是兆，在情急之下，他们就说出一个M来，让程维摸不着头脑。

可以说，手机APP有个通病，那就是让手机流量非正常消耗。对于手机话费，司机们可以通过打电话时长、发短信条数来计算，逐一查实。可是对于看不见、摸不着的手机流量，司机们却难以核实。智能手机出现大流量“偷跑”事件后，司机把矛头指向了新近安装的滴滴出行软件。

一般来说，司机使用的手机流量分为上行数据和下载数据，当司机需要访问滴滴出行APP时，先要发送请求信号，从而产生一定的上行数据流，而滴滴出行APP将相关的信息发送给司机，从而产生下载数据，两部分相加则是司机所消耗的流量。

滴滴出行软件的初期产品有很多缺陷，漏洞多、流量消耗大。很多司机在不知情、关不掉的情况下，滴滴出行APP仍不断运行更新、下载，不断消耗司机们的手机流量。一般来说，智能手机只要装有APP就会出现流量“偷跑”事件，平均每部智能手机每天偷跑流量约2.33MB，所以有些司机的智能手机一夜之间被“偷”光流量，落得欠费停机的下场。

因此，司机们才成群结对来到滴滴出行办公室“讨说法”。看到这个情形，程维十分痛苦，自己搞的滴滴出行软件，原本是为了提高司机们的工作效率，增加他们的收入，结果他们的收入没有增加，反而白白交了很多流量费。现在他最想帮助的人，反倒集合起来共同反对他，这多少带有“恩将仇报”的意味，让程维感到世态炎凉，前路茫然。

“只要你们坚持使用，我们就给你们补贴流量费。”程维最后提出了解决方法。他原本想向每位司机收取3元钱的装机费，现在还得给司机补贴。要不然这些司机肯定不会善罢甘休。后来，滴滴出行出台了补救措施，给安装滴滴出行APP的司机们进行流量补助，一周5元。

虽然有流量补贴，但司机们还是不敢轻易打开滴滴出行，因为没有订单，流量却消耗不停，有时候补贴的钱还不能弥补流量费损失呢。在流量“偷跑”事件后，程维在后台查看统计分析，发现原先最高峰时北京有100多位司机在线，现在只有16位司机在线，因为地图上只亮了16盏灯。消息一公布，同事们都很失落。这个时候，程维不断给同事们打气。程维说：“起码有16个司机是相信我们的，我们不能让这16个人失望，不能让这16盏灯灭了。”

找人打车，无果而终

智能手机上装的滴滴出行光跑流量却没有订单，司机们的抵触情绪越来越大，该怎么办？无奈之中，程维想到了一个好办法——找人去打车。

很快，程维就面试了一位特殊的员工，要给他安排一项秘密工作。

“我的工作是什么？”那个小伙子的眼睛骨碌骨碌地转动起来，显得贼精，这正是程维想找的绝佳人选。

“你的工作就是打车。我每天给你400块，你就绕着北京三环路打车，不要去昌平。资金有限，你要算计好，省着点花。”程维希望他利用智能手机上的滴滴出行软件不断叫车，这样给司机们制造有订单的假象，以巩固战果，不让那16盏灯灭掉。

“只是打车吗？其他的不用做吗？”那个小伙子有些不解。

“是的，这是一个既轻松又享受的工作。”程维认为他应该是全公司工作最轻松的人。

头几天，这个员工都是兴致勃勃地出去，在北京三环路上不断用滴滴出行软件叫车、打车、付费。他刚做这个事情时士气高涨，每天很晚才回来，似乎用滴滴出行软件叫车叫上瘾了。可是不久，他却提不起精神了，坐在办公室里发呆。

“最近工作怎么样？”程维过来关切地问。

“这个工作貌似轻松，其实却很痛苦，”那个小伙子开始发牢骚了，“你很难体会一个专门打车的人的痛苦。我早上出门要凭空设计出各种各样的路线，有一次，我打车到了三元桥（北京市三环路东北角转弯处），想换一辆车去别的地方，可是原先那个载我的司机却把车停在那里不走了，他要等着再拉另外的客人。我在三元桥无事可干，想走，又不能用软件叫车、打车，生怕一上车就被司机看出来我是一个不折不扣的托。”

“你不想去叫车、打车，那就去发传单吧。”程维给他提了一个建议。

“好呀，去哪里发传单？”那个小伙子发现有新的工作，马上就来精神了。

“你去人多的地方发就可以了。”程维简单提示了一下。

小伙子抱着滴滴出行的传单径直来到北京西站，这里每天都有百万人流，它既是全国客流量最大的火车站，也是世界上最大的铁路客运站之一，号称“亚洲第一大站”。

在北京西站的一个天桥下，到处都是黑压压的人群，这个小伙子观察了一下四周，确定没有什么人监管之后，就准备发放传单。可是，他刚把传单拿出来，就被人抓住了。

后来，这个小伙子觉得在滴滴出行的这份工作实在太危险了，就跳槽到其他公司去了。

滴滴出行软件只跑流量没有订单，找人打车也不是长久之计。这时，程维强调一种拼搏精神，在困难面前如果不拼搏就会死掉。

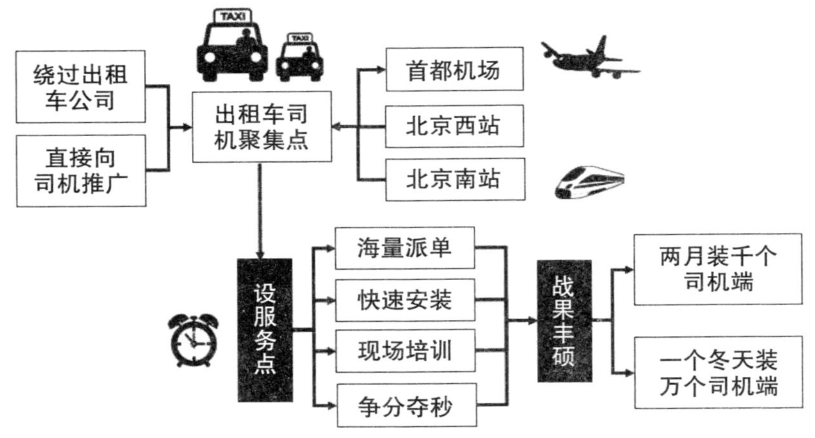

地面推广实施“尖刀突破”

程维说：“多年来，我已经记不得打了多少场硬仗，记不得多少次动员大家，我们只有往前的道路，只有信念，没有退路。在任何关头，我们如果没有顶住就死掉了，不会今天坐在这里。”

尖刀突破，争分夺秒

这时，程维开始孤注一掷、放胆一搏，不断增加投入，不断扩充地推人员，不断扩大派单覆盖范围，绕过出租车公司直接向司机推广，并将滴滴出行APP的装机量直接从1000个定到10000个，要实施“尖刀突破”。程维认为，只要小桔人发挥拼搏精神，极致执行，很多不可能完成的任务都可以完成。

不久，滴滴出行的地推人员全员出动，在北京发起了声势浩大的地面推广活动。

在北京南站出租车地下通道，滴滴出行的地推人员拉起了红色广告条幅："用滴滴省时省力更省油。"在这个服务点，有的员工负责给出租车司机派单拉客，有的员工负责帮助司机解决安装问题，有的员工则搞起了现场培训，教司机如何使用滴滴出行。结果，前来安装软件的司机络绎不绝。

首都机场附近的北皋是出租车司机聚集点，滴滴出行的地推人员也在这里摆桌设点进行推广。他们一边跟管理部门解释滴滴出行是做什么的，一边进行宣传推广。每天早晨7点，地推人员就抵达服务点开展推广工作，一直持续作战到晚上10点，平均每天工作15个小时，派单的手和游说的嘴从来没有停过。根据要求，这个服务点一天至少要为五六百位司机解决安装问题。

在北京西站，滴滴出行花了几千元租了一小块地方做服务点。那些出租车如同流水般慢慢驶过，由于司机不能长时间停留，所以，滴滴出行的地推人员就拿着笔记本电脑冲上去，敲开一个又一个玻璃窗，向司机们推广滴滴出行。只要司机有智能手机，地推人员就直接从笔记本里拷贝安装包，然后指导司机照着传单上的步骤进行安装。如果司机没有智能手机就留下联系方式，方便日后司机联系他们安装。

安装一次滴滴出行软件限定在3～5分钟内完成，要不然出租车长龙就会堵在火车站。西客站的管理人员和司机们都会滋生不满。为了尽快完成安装，滴滴出行的地推人员从筛客、咨客、复制、安装要一气呵成，不能有丝毫的失误与怠慢。每个人都像打仗一样，在与时间赛跑，与出租车赛跑，与装机量赛跑。

大规模的地推活动获得了丰厚回报，滴滴出行在北京西站、北京南站、首都机场等8个服务点，斩获了骄人业绩。在一个寒冷的冬天，单在北京西站，滴滴出行的地推人员就安装了10000个司机端，堪称小桔人的极致执行的鲜活案例。程维高兴地说："我们是靠着'小米加步枪'，一点一点地，顽强地生存下来的。"

在北京顽强生存下来之后，程维开始将北京地推的成功经验复制到全国，在全国各大城市开疆扩土。程维说："最多在一两个城市先把自己的模式验证好，把自己最精锐的部队放进去验证整个打法。我现在对创业者的忠告就是：要迅速、有效地去试错，去找到最有效的打法。一开始就打一个城市，一个点打破了，再横向复制。"

这种先在单城验证，然后快速铺向全国的做法，就像当年史玉柱推广脑白金的做法一样。当年，史玉柱靠中国大爷大妈做口碑营销，现在程维靠司机做口碑营销。滴滴出行做地推最有效的打法，就是速度，正所谓"天下武功，唯快不破"。在火车站、机场，在每个城市只要是出租车聚集的地方，滴滴出行的地推人员就会展开声势浩大的推广活动（海量派单 + 快速安装 + 现场培训），迅速占领整个市场。

程维说："光有想法不行，还需要极致执行，滴滴的整个发展历程就是一个极致执行的经典案例。我们有太多不可能完成的任务被完成了。从早期的冷启动，我们想要在两个月内拉到1000个司机，无比困难。我们拜访完北京的100多家出租车企业，没有一家企业愿意跟我们合作。这个时候我们依然不放弃，结果有了北京西站极致执行一个冬天拉10000个司机的案例。我们的同学* 就像一把利刃一样进入到每个市场，所向披靡。"

* 在滴滴出行，人们习惯把同事叫同学。其他一些互联网公司如百度等也是如此。

第2章

做平台：

最大的一站式移动出行平台

我们要打造一个中国人领导的、全球最大的、一站式的移动出行平台。

——程维

四不做：不做黑车、加价、账户和硬件

凌晨1点多，北京城里月黑风高，伸手不见五指。黄先生从首都机场拉着行李箱出来，马上有很多黑车司机冲上去问他要不要坐车。黄先生一言不发，继续走自己的路。黄先生要前往亮马河饭店，可是机场大巴已经开走了，地铁也停运了，他想去搭出租车。可是，他到了出租车搭乘点一看，发现出租车很少而排队的人多如牛毛，他可不想在排队等车上浪费太多时间。

优化用户体验，百秒应答

他径直走到路边，打开智能手机，运行微信钱包里的第三方服务——滴滴出行，开始叫车。以前他经常为航班晚点、打不到车而犯愁，自从他被司机朋友推荐使用滴滴出行之后，现在叫车、打车就方便多了。只见他一打开滴滴出行软件，系统马上在1秒内对黄先生进行定位，并提示在他附近有200多辆出租车。黄先生十分高兴，快速输入目的地亮马河饭店，然后点击叫出租车。

滴滴出行系统立即将黄先生的叫车订单发送到附近200多位司机的智能手机上。不到 1 分钟，黄先生就收到了一条短信提示他已经叫到车，并把雷师傅的手机号码和车牌号码发了过来。

“你好，你要去亮马河饭店吗？”过了几秒钟，雷师傅就打电话过来确认订单。

“是呀，我在首都机场3号航站楼等你。”黄先生十分高兴，没想到利用滴滴出行软件打车，司机的响应这么快。

“很好，我就在附近1千米处，你能否等我两三分钟？”雷师傅问。

几分钟后，一辆黄绿相间的出租车缓缓停在黄先生面前。黄先生看着手机短信比对了一下车牌信息，就放好行李上车了。雷师傅把车开上首都机场高速公路，直奔目的地。

黄先生发现在出租车里面有一台智能手机，不时传出真人播报实时订单的声音：“实时，从首都机场到望京韩国城；实时，从首都机场到中国人民大学……”

“雷师傅，最近生意怎么样？”黄先生开始与雷师傅攀谈起来。

“还行，自从装了这个滴滴出行软件之后，根本不用在黑夜里扫街了。不论我开到哪里，系统都会把附近的订单发给我。”雷师傅津津有味地说起来，“以前，乘客对我们这些出租车司机经常是怨声载道，什么套牌车、黑车、拒载、绕路、多收费等，而我们也不时抱怨油价高、路况差、堵车、租价低、份子钱高、政府不作为等。现在好很多了，有了这个软件，订单一下子多了起来，信息也变得十分透明，乘客用滴滴下单说明时间地点，我们就准点去接单，到目的地后系统则自动算钱，在线支付，十分方便。我每天的工作时间比以前减少2个小时，而净赚利润却有300多元，收入比以前要高出30%。”

“你们现在抢单怎么这么快呀？”黄先生有点纳闷。

“现在主要靠网速秒杀订单，苹果手机还差一些，我用的三星八核4G智能手机抢单，所以抢得比人家快一些。”雷师傅有些沾沾自喜起来。

约半个小时后，雷师傅把黄先生载到了亮马河饭店，黄先生在线支付车费后就兴高采烈地提出行李，走进饭店。黄先生感到十分惬意，若是平常，他还要饿着肚子、顶着冷风在首都机场排队等车，现在他已经免受这种苦头。等一下就能到饭店里大吃一顿，再泡个热水澡。从此以后，黄先生就成了滴滴出行的铁杆粉丝。

像黄先生一样，市民利用滴滴出行叫车、打车的体验越来越好，所以它汇聚了越来越多的乘客和司机。现在，滴滴出行服务着全国超过1400多万名司机（司机端）与3亿用户（乘客端），精准匹配用户和司机的需求。滴滴出行通过强大的智能算法分配订单，1分钟内就通知乘客附近的数百名司机，100秒内就有司机应答，以确保用户能及时打到车。

乘客发现利用滴滴出行既快捷又靠谱，所以一传十，十传百，口碑越来越好，用户越来越多，滴滴出行的呼叫量也是水涨船高。发现安装滴滴出行有订单、有肉吃之后，原先那些不懂使用智能手机、不懂使用移动网络、不懂打开GPS定位的司机们，不仅买来了智能手机，还装上了滴滴出行，并且玩起了微信支付和支付宝。

短短几年时间，滴滴出行就改变了一群保守、封闭、固执的人，让他们从按键式传统手机过渡到触屏式智能手机。以前，是滴滴出行的地推人员追着司机请求安装软件，现在反过来，是司机们主动自觉地安装滴滴出行软件。

程维说："最重要的是永不放弃，你要推动这个世界改变，推力越大，弹回来的反作用力就越大，最终比较的是你自己的心理有多强大，解决问题的方法多种多样，不变的是将事情一点点向前推进。我们用了一年半时间去推动一个行业发展，一点点变革这个行业。"

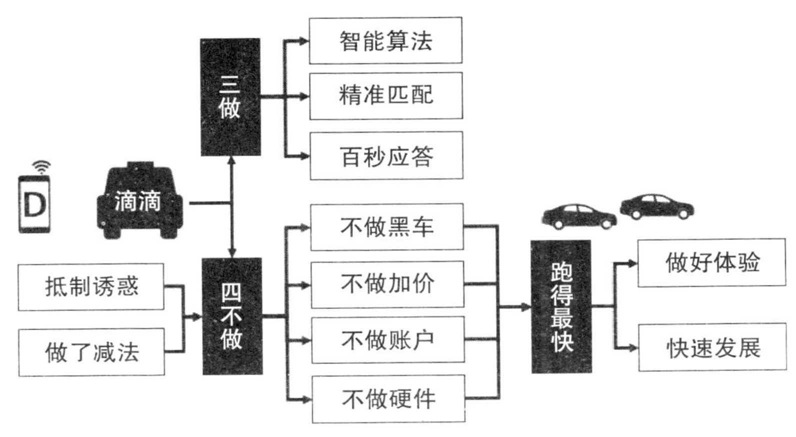

滴滴出行要“跑得最快”

做减法，只为跑得最快

为什么滴滴出行的体验做得这么好，发展这么快呢？关键在于他们坚持做到了“四不做”。程维说：“我们没有简单复制别人的东西，而是独立思考我们的业务模式。滴滴有着阿里的基因，如何做一个平台我们是有些经验的。针对竞争对手，在早期我们坚持了四不做：不做黑车、不做加价、不做账户、不做硬件。”

第一，不做黑车。就是滴滴出行不做政策风险太大的事情。

出租车司机最讨厌的就是那些无牌无证的黑车前来抢活，乘客们也十分担心利用滴滴出行会叫来黑车。这些黑车没有在交通运输管理部门办理任何相关手续，没有领取营运牌证，却肆无忌惮地提供有偿服务，到处非法运营。这种黑车的驾驶员身份复杂，素质参差不齐。不少黑车利用报废、改装、拼装的车辆以次充好，车况较差、性能较低，存在较大的安全隐患。

为了避免黑车蒙混过关，滴滴出行制定了严格的审核程序。滴滴出行司机端注册需要司机提交真实姓名、公司、车牌号、准驾证号、驾驶证、行驶证、服务监督卡等详细信息，待身份审核通过后才能使用。对于冒用、克隆别人账号接单的黑车，滴滴出行发现一起，处理一起。当用户叫到黑车时，可以把车牌号、司机的注册手机号一并记下反馈给滴滴出行客服，滴滴出行查询核实之后就会直接禁用黑车的账号。

第二，不做加价。就是让产品变得更简单。

程维说："我们不想让产品变得太复杂，所以让对手先做，试水了市场接受度后，我们才考虑是否跟进。另外，加价会被认为变相地改变了价格体系，当时有强烈的反对声浪，我们担心政策风险过大。还曾有投资人建议做竞价，但平台最忌讳把产品设计得太复杂，司机、乘客都搞不懂，这样不利于大规模扩张。"

现在滴滴出行界面十分简单，用户只需要两个步骤（输入目的地，点击"叫车"）就能完成叫车，动动指头比划两下就完成叫车，比路边扬招省时省力多了。而司机只需要一次点击（点击"抢单"）就能完成抢单，这对于高速驾驶机动车的司机来说是安全快捷的。

程维和负责运营的高管来自阿里巴巴，负责技术的高管来自百度，阿里的企业文化和百度的企业文化在滴滴出行中高度融合起来。阿里巴巴的使命就是让天下没有难做的生意，它的核心功能就是撮合供需双方达成贸易。百度的使命就是让人们最平等便捷地获取信息，找到所求，它的核心功能就是极速进行信息搜索，让用户"即搜即得"。

滴滴出行的使命就是让出行更美好，它像阿里巴巴那样高度匹配乘客和司机的需求，让供需双方达成出行交易；它又像百度那样极速处理信息，在系统上，亿万用户下单、系统高速发单、司机争相抢单，各种功能并行不悖，在瞬间就能稳定处理大量信息。

第三，不做账户。就是不做收费账户。

现在乘客使用滴滴出行软件，一般使用微信支付和支付宝支付，费用瞬间转到司机的相关账号，滴滴出行并没有收费账户。程维说："对于乘客，付钱难不是痛点，打车难是痛点，绑卡很复杂，在早期如果我们给司机带来的收入不够多，他们不会有意愿配合，所以为了不影响扩张速度，我们暂时没有做账户。"

如果司机收现金的话，很容易找不出零钱，而且还会收到假钞，为了保障司机和乘客的利益，滴滴出行成功对接了微信支付和支付宝支付这两个主流移动互联网支付平台，让司机在1秒钟之内收到钱，而且精确到0.1元。乘客也不用带太多的钱去乘车，只要带一部智能手机就行了，这对于保障乘客自身安全也有好处。

程维说："我们走了一条全世界没有人走过的道路，到今天美国纽约的出租车司机还是在扫街。很多人都讲，补贴战役是一个营销战役，但在我的心目中，它是一个独立思考的产品战役。感谢当时的产品团队，我们并没有像别人循规蹈矩地简简单单做一个支付而已。当时中国的出租车并不相信在线支付，北京连市政交通一卡通都是不接受的，怎么办？

"让我们去独立思考，为什么司机不愿意接受，是因为不方便。后来，我们对接了在线支付平台，让用户付款的那一秒钟，告诉司机钱已经到账，他们可以立马提现出来，就这样的小小改进，彻底地改变了在线支付的习惯，也彻底地改变了移动互联网出行的格局。所以，任何暴风骤雨背后都是一个独立思考的小小的创新。"

第四，不做硬件。就是不做滴滴出行软件的周边硬件产品（如智能手机、蓝牙耳机、移动Wi-Fi等）。

当时有不少同样做叫车软件的创业公司给司机送iPad（苹果平板电

脑），有同事也提议跟风模仿，但是程维却分析说："平台公司不能用硬件做壁垒，规模是平台唯一的壁垒。能否给司机带来优质订单是核心，硬件不是核心——如果没有订单，司机会在你的设备上安装别人的APP抢单。有订单，司机就会买最好的设备来装你的APP抢单。"

事实证明，程维的分析不无道理。正如前面所描述的那样，司机雷师傅花了大价钱买来三星八核4G智能手机抢单，因为司机安装滴滴出行之后系统就会给司机分单，谁的智能手机性能更好、网速更快，谁就更容易抢到单。有的司机使用低配版的智能手机，性能、网速稍逊一筹，当他还在等待听单界面打开时，别的司机已在抢单界面完成抢单了。所以，为了抢到单，司机们都会主动更换性能更好的智能手机。

正是由于滴滴出行坚持"四不做"，所以他们既做好了用户体验，也做到了快速发展。对此，程维这样总结道："创业早期，滴滴抵制住了很多非本质业务的诱惑，做了很多减法，目的只有一个：跑得最快。"

占领北京市场：血拼摇摇招车

雄伟大气的首都机场T3航站楼，就像一把巨型的月牙铲一样平放在天地之间。这里有一条长3800米、宽60米的跑道，世界上最大的客机空客A380也能够顺利起降。T3航站楼建成后，首都机场每年的旅客吞吐量超过6000万人次。每天飞机起起落落，噪声此起彼伏，前来接送乘客的出租车数以万计。

以80万元人民币对抗350万美元

由于首都机场T3航站楼是出租车聚集的地方，所以程维想占据这个重要据点。然而，盯上这个据点的不止滴滴出行一家，还有在北京最先做打车软件的摇摇招车。正所谓“哪里有市场需求，哪里就有解决产品，哪里有解决产品，哪里就有同质化竞争”。

当年全国有不少打车软件冒出来，像摇摇招车、滴滴出行、快的打车、大黄蜂、打车小秘、嘟嘟、百米、微打车、易打车等。在北京市场中，滴滴出行的最大对手并不是快的打车，而是摇摇招车，因为摇摇招车起步比滴滴出行要早得多，也最先获得风险投资。

2012年4月，摇摇招车就拿到了红杉资本和真格基金合计350万美元A轮融资。两个月之后，滴滴出行才成立，当时程维只有80万元人民币的天使投资。当时，摇摇招车模仿美国Uber的经营模式，做网上专车预约服务，大张旗鼓地杀入高大上的商务租车市场。而滴滴出行则主打较为低端的出租车市场。相比之下，摇摇招车可谓财大气粗，烧钱不商量。他们已经有良好的用户基础，可烧的资金约是滴滴出行的100倍。

考虑到很多司机开车时经常会听广播电台，所以摇摇招车的第一个打法，就是在广播电台投放语音广告。每天摇摇招车的语音广告都会在电台的各种节目中反复插播，他们一边介绍自己的软件，一边通知司机在哪月哪日可以到北京哪几家酒店开会，摇摇招车负责现场给司机安装摇摇招车软件。据说，当时摇摇招车花在广播电台的语音广告费高达30万元。

为了揽客，程维咬咬牙也花了几万元做了一则广告，司机只需发短信到指定号码即可获得下载链接。相对于摇摇招车大规模的会议营销来说，滴滴出行的短信推广简直是微不足道。当时，滴滴出行还不敢与摇摇招车进行正面交锋，只能抱着捡漏的心态，能装几个算几个。

后来，摇摇招车又花重金在北京各大电视购物节目上打视频广告。程维掂量了一下手头的资金，自己总共只有80万元，这样比拼下去，根本没有胜算的把握。于是，程维就召集同学们密谋“以少胜多、四两拨千斤”的对策。

游击战：四处开花，百团大战

那天，做地推的同学热议了半天，还是一筹莫展、无计可施。这时，有一位负责后勤的同学突然拍案而起：“我有办法！”

“什么办法？”大家都急切地望着他。

“打游击战，跟在他们的屁股后面打。摇摇招车不是在电视上打广告吗？我们就在它的后面做个简短的小广告。”这位同学提出了一个设想。

原来，摇摇招车在北京流行电视购物节目上做了较长时间的视频广告，在广告结束时就说：“即刻起拨打××电话。”那个负责后勤的同事认为正好可以借势发挥，滴滴出行可以在摇摇招车后面做一个最简短、最经济的一句话广告：“现在拨打××电话即可下载安装。”反正，很多司机师傅也分不清安装的手机软件到底是摇摇招车还是滴滴出行。

筹备一段时间后，摇摇招车在酒店里张灯结彩，大摆宴席，准备对前来开会的司机进行会议营销。结果，他们发现根本没有多少司机过来。摇摇招车的地推人员就打电话问司机怎么回事，那些还蒙在鼓里的司机却反问他们：“我们已经安装好了啊，不是拨打某某电话就可以安装了吗？还用去现场开会吗，不用开车挣钱了？”

滴滴出行此举，无疑是在摇摇招车的背后狠狠咬了一口。很快，摇摇招车就挥舞金钱大棒对滴滴出行进行反击。摇摇招车的第二招就是砸了上百万元租下了首都机场T3航站楼一处车流量特别大的摊位。当时，摇摇招车跟机场一家第三方服务公司签了协议，牢牢控制了首都机场T3航站楼的出租车市场。

在首都机场T3航站楼，人潮涌动，车水马龙，每天的出租车吞吐量超过数万辆，相当于北京其他聚集点车辆数量加一起的总量，这是一个做地面推广绝佳的据点。当时，程维也找了各种资源，也认识机场的一些关键人物，但是首都机场T3航站楼的摊位还是被摇摇招车租去了。程维这才悟出一个道理，有时候认识人也没用，关键时刻还是看钱。当时，摇摇招车比滴滴出行出的钱多得多，所以人家就跟他们合作了。

最后，摇摇招车花了高价跟首都机场合作，租下多个摊位，设置了地面推广服务站，他们一边播放广播宣称“摇摇招车，一个月多赚1000块”，一边帮助司机们安装软件。由于金钱不足，所以滴滴出行黯然退出了首都机场T3航站楼。由于没有占领这个据点，程维睡不着觉了。

程维找来做地推的同学商量下一步的打法：“那个打法我们打不起，打了就破产了，但不打的话，用户装机量上不去也不行。”

最后，大家商量的结果是，不能采用跟摇摇一样的方式去找机场第三方服务公司合作，因为这种合作有政策不确定性的风险。不过，大家认为可以迅速占领其他相对重要的据点，搞多点突围、四处开花、“百团大战”，最后合力扳倒在首都机场T3航站楼摆摊的摇摇招车。程维认为可以放手一搏。不久，滴滴出行的地推人员在北京西站、北京南站、首都机场等地开辟了8个服务点，通过一点一滴的努力，不断增加装机量，不断积蓄力量。

不久，首都机场管理部门接到了投诉，说打车软件不符合有关政策规定，摇摇招车在首都机场T3航站楼的推广点马上取消。当摇摇招车从首都机场T3航站楼退出，再去疯狂地寻找其他入口时，这才发现滴滴出行的地推人员已经牢牢守住了自己的阵地。任凭摇摇招车在对面摆摊推广、搭台唱戏，司机们还是喜欢成群结队去找最先提供装机服务的滴滴出行服务点。

这就是口碑的力量，因为滴滴出行产品体验好，线下团队推广速度又特别快，快速占领了整个北京市场。司机的呼叫量上去了，于是在司机群体之间口碑相传，形成了强大的宣传势能。于是，一个车队

一个车队的司机涌过来，向滴滴出行的地推人员伸出智能手机，争先恐后地要求安装打车软件。

2012年北京的第一场雪又帮了滴滴出行一把。

2012年11月3日，北京纷纷扬扬地下起了第一场雪，很多白领上下班打不到车，于是他们就开始尝试使用滴滴出行打车软件。结果，人们惊奇地发现附近有这么多司机空车以待，真的可以利用这个小小的APP软件叫到车了。于是，很多白领开始激动不已地在微博上、微信朋友圈上分享，在公司里推广，从粉丝自觉成为滴滴出行的布道者，结果滴滴出行的呼叫量一时间翻了上百倍。2012年11月3日那一天，滴滴出行单日订单第一次超过1000个。

程维说："那场大雪之后，滴滴出行的订单爆发式增长。2013年，滴滴出行开始在北京甩下摇摇招车，并进军上海、广州、深圳等城市。"

据统计，2013年第三季度，国内打车应用软件前五名分别为快的打车、滴滴出行、摇摇招车、大黄蜂和打车小秘，市场份额分别为41.8%、39.2%、9%、3.9%、2.5%。在滴滴出行的疯狂攻击之下，很多小型打车软件已经渐渐淡出市场。在北京市场，滴滴出行的市场份额大大超过摇摇招车，成功主导北京市场。风险投资的风向也转向了滴滴出行，2013年4月腾讯向滴滴出行投入1500万美元，滴滴出行成功完成了B轮融资。

面对滴滴出行的逆袭，摇摇招车试图绝地反击，他们放弃商务租车市场转而进军出租车市场，结果无论装机量还是呼叫量都敌不过滴滴出行，最后被迫转型。有媒体报料称，其已转型做公交车的Wi-Fi盒子服务。从此，在北京打车软件市场上曾经的第一已是明日黄花。

摇摇招车落败，滴滴出行雄起。很多人说，做打车软件，就是拼

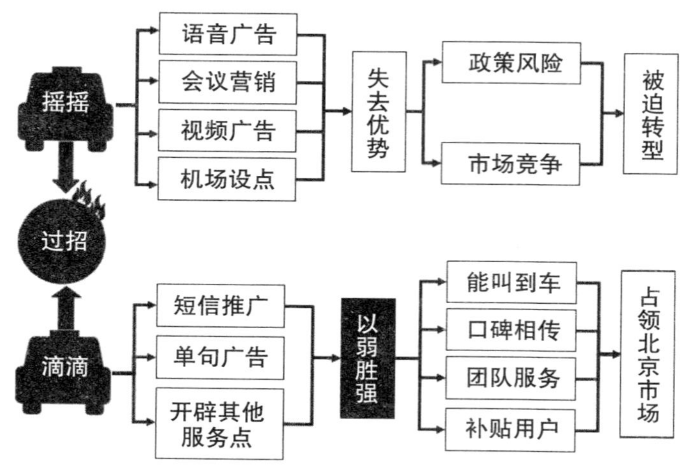

滴滴出行与摇摇招车过招

爹的游戏，谁找到了靠山金主，谁就能赢在最后。不少人认为，滴滴出行靠烧钱做补贴，靠风险投资的资本来打压竞争对手，其实这是宣扬“金钱万能论”，他们可能没有看到滴滴出行团队的拼搏与坚持。

全靠坚持、拼搏与用心服务

摇摇招车比滴滴出行先成立，最先拿到风险投资，结果在政策风险和竞争对手的夹击下黯然落幕。滴滴出行一开始没有多少钱可烧，靠的是99%的努力和1%的运气。像2012年北京那场大雪算是运气，谁也没有想到会有这样的好运，但是滴滴出行地推人员每天的努力，程维却看得很清楚。

滴滴出行有个地推人员叫吴睿，他从2012年6月滴滴出行创立以来，就没有好好休息过。

在地推活动期间，他每天早晨7点多醒来，晚上11点多回家。当时，他害怕吵醒怀孕的妻子，就在沙发上凑合一晚上。他的手机从来不关机，随时随地给司机朋友们解决各种各样的问题。

有时候晚上两点多，还有司机打电话给他："睡了吗，兄弟？"

吴睿问："师傅，怎么了？"

司机则兴高采烈地告诉他，用了滴滴出行之后才知道在什么地方拉活更容易，哪个时间段订单密度大，哪个时间段订单密度小。

程维说："很多人问我，滴滴出行为什么能活下来？在我看来，靠的就是这群人，每天嗷嗷叫着往前冲，才能活下来。这个业务肯定是长跑，比的是内功，内功核心是团队，团队表现出来的是软实力，如服务。那些短期的营销是外功，如果双方都有钱，很难在外部层面分出胜负。"

很多人只看到滴滴出行突然在短短几年间做得这么大规模，其实他们都没有看到在这个成功的背后，滴滴出行团队付出了多少努力与拼搏。

程维说："我们的运气是好的，但这些运气首先是我们在不停地努力，一直把事情做到了极致上。平台类的打法，是双边交易市场的模型。其中的关键点是低门槛，你看马云还讲开放，淘宝这么大的体量还要靠免费赢得用户。今天零门槛都没有用了，我们还要去补贴用户。你可能一辈子也不能理解的，就是坚持和拼搏。事情做没做成，就看有没有用心。"

滴滴出行的地推人员在推广时，十分用心敬业，他们会把所有的细节都考虑到，不放过任何赶超竞争对手的机会，所以在打广告上，在战术打法上，他们想的办法总比人家多，比人家绝，所以他们赢了。

程维知道滴滴出行只有跑得快，才能把业务结果变成资本。如果滴滴出行没有冲锋陷阵的团队，就不敢背水一战，打赢一场又一场硬仗，就不能实现相关业务数据。众所周知，聪明的投资人是不会随随便便给创业公司投钱的。

程维说："投资人都是锦上添花的，没有雪中送炭的。你一定要等到公司做到了一个适当的点，再去找投资人。"

守住深圳市场：出租车“互联网+”进化

黑暗袭来，风起云涌，电闪雷鸣，树木狂舞，楼宇战栗，强热带风暴汹涌袭来，大雨倾盆而下。深圳的地王大厦被层层乌云笼罩，已经看不见其顶部的璀璨灯火。一道一道凌厉耀眼的闪电，在空中闪烁炸裂，像夺命的魔爪在肆无忌惮地逞威。在街道上，一辆辆绿色的出租车在黑夜中亮着绵弱无力的远光灯，“咯吱咯吱”，摆动着小小的刮雨器扫清雨雾，小心翼翼地探索前行。与此同时，在深圳打车软件市场正酝酿着一场政策风暴。

遭遇政策利剑

在占领北京打车软件市场之后，滴滴出行开始投入重金，加大在深圳的推广力度，滴滴出行打车软件的用户很快就超越了电召服务平台和路边打车。市民都觉得这种叫车方式很新鲜，都乐于尝试。

2013年5月，滴滴出行等打车软件却被深圳交通委突然叫停，要求出租车司机不得使用手机打车软件。这无疑给发展正劲的滴滴出行以当头棒喝。叫停的原因直指滴滴出行的加价功能。当时，滴滴出行上线没多久，允许乘客加价。所谓的加价，就是乘客在叫车时，如果没有司机回应，用户可以点击加价，在原来车费的基础上加价，以吸引司机过来接载，一般从5元起步，可以加到30元、50元不等。

这种做法与电召服务费有所不同，司机可收取2元电召服务费是有明文规定的，但因为有不少民众持抵触情绪，所以至今从未实行过。滴滴出行的加价功能，要把主动权交给乘客，让乘客根据情况主动加价，以达到快速打车的目的，这与被动交额外的电召服务费大为不同，一个是主动加价，一个是被动加价。

对于滴滴出行的加价功能，乘客和司机的看法大为不同。

很多司机认为他们从大老远的地方开车过去接载客人，如果客人打车只是个起步价，没有加价的话，司机注定要亏本。乘客少量的加价能提高出租车司机的积极性，否则司机不愿意接单，也会影响滴滴出行的响应速度。

不少市民则反对滴滴出行的加价功能，因为他们认为那等于给了司机拒载的理由，谁不加价就不接单，结果更会伤害不会使用智能手机的弱势群体，市民在路边打车就更难了。如果每个乘客在用滴滴出行叫车时都要竞相加价一轮，那么在无形中就增加了打车的成本，从长远来看这种出行方式得不偿失，还不如什么都不做，直接回到原来的电召服务和路边打车习惯。

当时，政策出来之后，很多深圳的司机纷纷卸载滴滴出行软件，因为深圳交通委已联合执法支队进行专项整治。如果出租车司机在运营中乱加价，将面临罚款、扣车，甚至可能吊销营运证。回忆当年遭遇政策利剑，程维还是心有余悸："那时候，如果政策再有几个城市蔓延下来，可能滴滴出行就死了，这是第二道鬼门关（第一道鬼门关是在北京市场血拼竞争对手）。"

当时，滴滴出行的竞争对手摇摇招车选择离开深圳市场，而滴滴出行则选择坚守，并不断与交通部门沟通，以寻求一个平衡各方利益的好办法。以前“以少胜多、以弱胜强”，再大的市场风险滴滴出行都扛过来了，现在面对临时性的政策风险，滴滴出行决定死扛下去。程维对深圳的同事说：“如果放弃，就什么都没有了。”

确实如此，滴滴出行在深圳的装机量、呼叫量和市场份额，哪一点不是靠滴滴出行团队拼搏出来的，争取回来的，如果随随便便放弃，那就会功亏一篑。如果让一切都回到原点，那么烧这么多钱、花那么大的精力搞出来的打车软件又有什么用。滴滴出行不能做流星，而要做照亮人们出行的恒星。

在程维的鼓舞下，滴滴出行的地推人员三天两头去找交管部门沟通，反复强调滴滴出行打车软件的初衷：“我们是来帮忙的，不是来捣乱的。”

滴滴出行被叫停事件，很快被全国各大媒体报道，甚至还上了新闻联播，掀起了全民热议浪潮。滴滴出行密切关注舆论动向，各地政府部门也进行了相关的舆情分析。最后，令人欣喜的是，不论网络舆论，还是平面媒体，都支持滴滴出行等打车软件的创新与改革。

在这种情况下，全国其他城市并没有效仿深圳那样叫停打车软件，如广州则只希望取消广州地区用户的加价功能，而并非叫停所有打车软件，北京、上海等城市则选择观望一段时间。

由于加价功能备受争议，所以滴滴出行对产品进行了优化设计，推出了两个小功能：一个是修改调度费金额，取消用户随意加价的功能，用户只能从0元开始1元1元地修改调度费，50元封顶（类似银行下调手续费那样让个人跨行转账50元封顶）；另一个功能是给司机捎话，捎话内容有“在线支付”“打表来接”“愿等司机15分钟”等。这些简短的捎话内容，极大地消除了乘客与司机在沟通上的障碍。

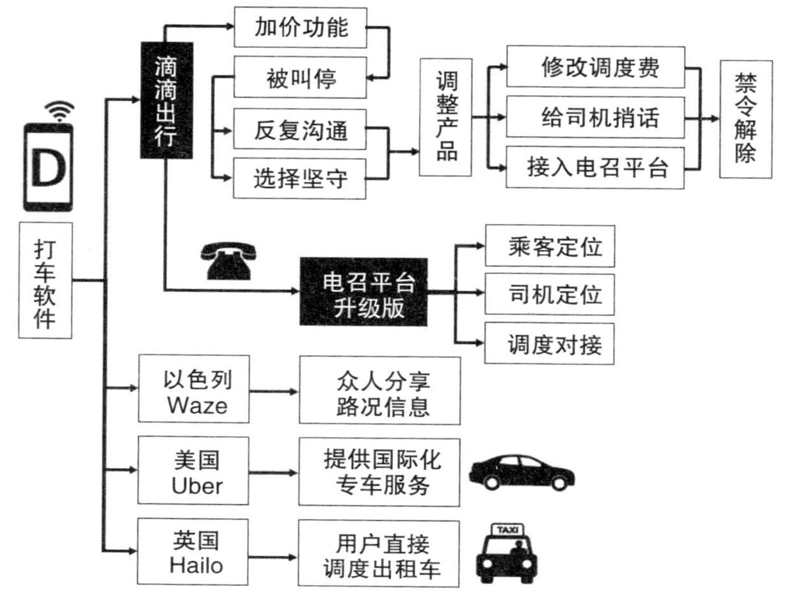

滴滴出行苦熬下来

不久，深圳交通委解除了禁令，滴滴出行打车软件又可以在深圳正常使用了。深圳、北京等地的交通部门纷纷出台了电召平台，滴滴出行打车软件则作为新生的补充事物，接入了电召平台，极大地丰富了市民的出行方式。

从人工调度到智能调度

在程维看来，滴滴出行与电召平台并无矛盾，电召平台是电磁时代的产物，而滴滴出行是移动互联网时代的产物，在本质上是电召平台的升级版。

2013年10月，在中国（深圳）公交都市发展论坛上，已经渡过难关的程维发表了题为“移动互联网推动出租行业变革”的演讲。

在演讲中，程维先介绍了国外3家优秀的互联网公司，因为他们在交通领域的创新成果极为丰硕。

第一家是以色列的Waze公司。这家公司推出的众包地图手机应用，最大的特点就是实时分享交通路况信息。该应用具有完全免费的语音导航和实时交通路况报告功能，它的分享理念是“人人为我，我为人人”，依靠在路上司机的集体力量，进行路况信息（堵车、事件信息）的上传和共享，以造福所有Waze的使用者。因此，Waze众包地图应用在190个国家迅速流行起来。

目前，滴滴出行对接的是腾讯地图，用户可以从地图上进行智能定位，并可查看到附近出租车的数量。在叫车之前，用户可以使用地图查询银行、医院、宾馆、公园等详细地理位置，极大地方便生活出行所需。

第二家是美国的Uber公司。Uber提供类似滴滴出行的在线租车服务，不过其更加强调国际化。它是全球即时用车软件，现已覆盖全球63个国家，344个城市。用户在出国旅游时，同样可以使用Uber来叫车。后来，Uber还推出无人驾驶汽车租车服务，他们不仅玩国际化，还玩起了智能汽车。相比之下，滴滴出行还需要更多弯道超车的机会。

第三家是英国的Hailo公司。Hailo是专为伦敦出租车打造的一款智能手机应用。不管用户在伦敦哪个角落，想什么时候打车，都可以打到出租车。用户打开应用，可以在地图上看到当前周围的出租车，用户可以选择范围，比如3分钟车程之内的出租车。当找到中意的出租车之后，点击“求拉”即可。该产品的最大特点是，用户给就近的司机打招呼，直接调度出租车。它并不像滴滴出行那样，乘客需要下单给系统，系统再发单给司机。在2012年奥运会期间，Hailo每天调度25000

单，只需要8个工作人员维护，如果这25000单靠电话中心处理，起码需要200人。

国外互联网公司已经颠覆传统的出行方式，而国内的打车软件还在忍受政策不确定的风险。程维希望滴滴出行能带头做出改变。程维分析，电召服务平台成本高又不赚钱，企业不愿意搞，因为在路上的出租车资源极为分散，难以实现统一调度。

要想解决电召平台的弊端，就要像国外互联网公司那样大力发展智能召车。程维说："滴滴出行本质上是电话调度中心的升级版，电召中心主要解决3个问题：乘客定位、司机定位、调度对接。原来，人们不知道乘客在哪儿，需要人接电话问清楚，而在移动互联网时代，只要你有智能手机，启动滴滴出行，系统会自动对用户进行定位，这就省了电召中心的投入。如果司机车上有GPS我们可以调度，车上没有GPS，只要司机有智能手机，系统也可以知道司机的位置。再说调度，传统电话调度中心靠人工调度，速度慢、成本高。滴滴出行采用的是智能调度，在调度时系统会考虑双方距离、订单价值、司机习惯，甚至车头方向等信息。这些是人工算不过来的，所以能做到最近的车平均20秒应答。"

在别人惧怕政策风险退出时，滴滴出行选择苦熬下来，他们通过持续创新与改革，守住了深圳市场，重新获得了用户的信赖。在移动互联网时代，"互联网+"风起云涌，在改革开放的前沿阵地深圳，传统的出租车行业已经实现了"互联网+"进化，"互联网+出行"的浪潮猛烈冲击着市民的出行习惯，就像一场强热带风暴改变整个城市面貌一样。任何故步自封、保守的做法，最终会被改革的风暴所粉碎。在这场改革浪潮中，人们的叫车习惯，已经从电召服务、路边扬招转变为手机叫车，就像按键式传统手机过渡到触屏式智能手机一样自然、迅速，而且绝不回头。

以深圳为样板，全国出行市场正从一个较为封闭垄断的市场，变成一个自由竞争的市场。这是移动互联网的伟大胜利，也顺应了时代潮流。程维说：“很难想象互联网使出行这样一个传统的行业，变成了最具创新活力的，甚至引领全球的一个新兴行业。中国是唯一一个把出租车和用户紧密连在一起的国家。”

争夺上海市场：与大黄蜂“玩魔术”

艳阳高照，黄浦江蜿蜒入海，江畔高楼大厦鳞次栉比，交相辉映，这里荟萃了上海现代化城市景观的全部精华。在陆家嘴金融贸易区，东方明珠将3个巨型钢结构圆球擎入苍穹，上海环球金融中心这一“巨型启瓶器”则开启美酒佳酿迎接四方来客，上海中心这一螺旋形建筑犹如摩登少女，纤腰盈盈、轻歌曼舞……

在上海这个发达的沿海开放城市中，各种现代建筑拔地而起，争奇斗艳，欲与天公试比高。建筑领域的竞赛如此激烈，打车软件市场也不再淡定，因为滴滴出行和大黄蜂已是狭路相逢，剑拔弩张。

大黄蜂争霸上海滩

滴滴出行占领北京打车软件市场之后，又悄悄潜入上海发展。这时，上海的大黄蜂打车已经异军突起。2013年3月，大黄蜂打车横空出世，运营不到一个月就突破1万人次装机量，没过多久该软件就覆盖上海近20%的出租车，每天的订单量在1万单左右，是上海出租车司机中最受欢迎的手机APP应用。

由于这种本地打车软件更理解上海本地的需求特点，其服务无论是对乘客还是司机都显得更加亲切、更加人性化。使用大黄蜂的用户可以实现一键下单，司机在 1 分钟内应答。此外，大黄蜂打车还提供免费的大黄蜂专车接送服务，每天都会根据乘客下单随机抽取百名用户免费接送，为市民提供更加优质的约车服务。

趁着这个发展势头，大黄蜂打车获得晨兴创投数百万美元投资。不久，大黄蜂军团迅速称霸上海市场，让其他打车软件在进入上海之前都有所顾忌。有些小型打车软件甚至有点“望‘滩’兴叹”，不敢越雷池半步。

当时，大黄蜂的打法有点像英国Hailo公司。Hailo公司专打英国伦敦地区，大黄蜂就实施单点突破，集中力量攻克上海。相比之下，滴滴出行在全国各大城市分散出击，遍地开花，在北京、深圳、广州、杭州等地同时进行推广，结果不能集中力量应对上海局势。当时，上海的大黄蜂以100多人的团队，专攻上海一个城市，而滴滴出行则以100多人的队伍，同时进军五六个核心城市。所以，一开始，在上海的打车软件市场，滴滴出行处于摇摇欲坠的劣势之中。

有一次，滴滴出行的天使投资人、联合创始人王刚去上海出差。他运用滴滴出行软件打到了车，就四处转一圈，想看看滴滴出行的地面推广情况。

“你看，这不是滴滴的服务点吗？”司机开到一处滴滴出行的地面推广服务点，指给王刚看。

“哦，大黄蜂也在。”王刚发现大黄蜂的服务点跟滴滴出行的服务点并排在一起，双方都对路人进行派单、宣传推广和装机培训。但是，大黄蜂的工作人员好像比滴滴出行地推人员更加敬业、更加认真，并且因为他们使用本地的上海话与司机交流，让司机们感到既亲切又靠谱。

“咔嚓”，王刚用手机拍了一张现场推广照片，发给程维，并急切地说："上海你可能要丢掉了，这座城市一旦丢掉，你就给了对手一个很好的融资理由。他们会告诉投资人：只要给我钱，我就可以逆袭滴滴。这样将会后患无穷。"

"你给我一周时间，我会马上再来上海。"程维看过照片，大致知道哪个方面出现了问题，那就是重视不够、推广力度不足。在中国，攻下北上广深4座城市就意味着打开了通往全国市场的大门，所以程维开始思索如何拿下上海。

一周之内，程维从全国各地调回精兵强将进入上海，自己也从北京来到上海办公，他一边与地推团队谋划新的打法，一边进行最强督战，让团队克服困难，迅速完成各项推广指标。

经过一番摸索之后，程维分析，上海的出租车资源是相对有限

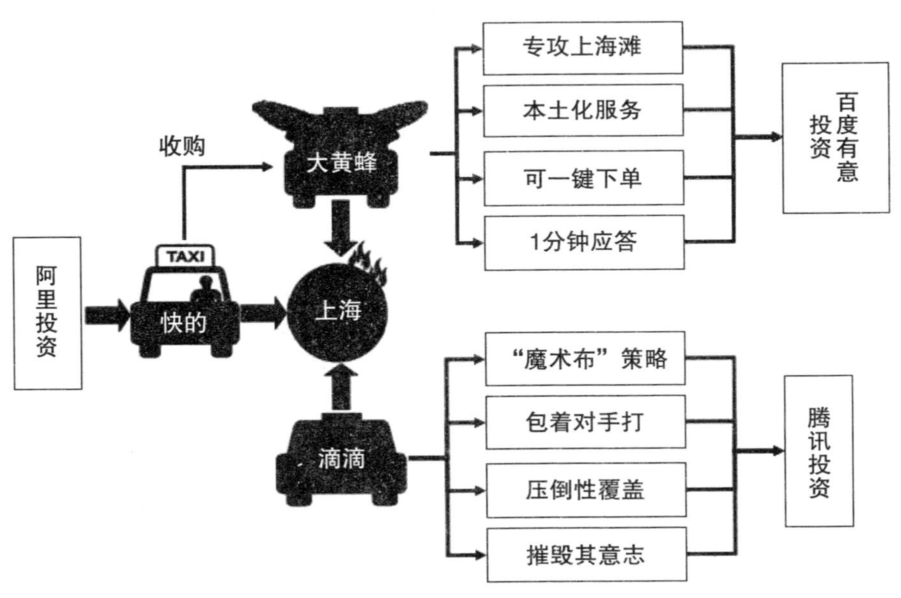

滴滴出行争霸上海滩

的，滴滴出行的唯一优势就是资金储备比对方多一些。于是，程维和上海做地推的同事们商量出一种奇怪的打法，那就是“魔术布”策略，包着对手打。

上兵伐谋，巨头入局

众所周知，在魔术表演中，魔术布的作用功不可没。魔术师会使用魔术布先覆盖某些重要的道具，在魔术表演高潮时，魔术师把魔术布扯开，就会变出金钱、鸽子、器物、美女等东西，大大增强魔术表演的神秘感。

这回程维使出的“魔术布”，不是要变出什么秘密武器来，而是要以压倒性优势覆盖大黄蜂的所有服务点，大黄蜂打到哪里，滴滴出行就打到哪里，而且投入的人力物力要比大黄蜂多得多。这在无形中就像编织一张张“魔术布”，让大黄蜂无法挣脱，也无法突破。对于大黄蜂不打的地方，滴滴出行也不去打，静观其变。

这种打法正如《孙子兵法》里所说的“致人而不致于人”，即调动敌人而不被敌人所调动，始终夺取克敌制胜的主动权。这样做的目的是让大黄蜂的地推团队看不到出路，备感疲劳，然后在意志上垮掉、散掉。

孙子曰：“上兵伐谋，其次伐交，其次伐兵，其下攻城。攻城之法，为不得已。”意思是说，上等的用兵之道是凭借谋略取得胜利，其次就是用外交战胜敌人，再次是用武力击败敌军，最下之策是攻打敌人的城池。攻城，是不得已而为之，是没有办法的办法。程维在阿里巴巴做销售多年，线下推广经验较为丰富，他要以逸待劳、攻心为上，对竞争对手围追堵截，处处掣肘，最后让其精神崩溃。

说白了，程维这种“魔术布”打法，就是靠重点包围谋取胜利，让大黄蜂在上海再也飞不起来，爬不起来，因为他们到处都被滴滴出行的地推团队压着打，到处碰钉子，撞南墙。

为了把上海大黄蜂剿灭，程维单独为上海市场的推广做了专门预算，比如北京市场的推广费是50万美元，那么上海市场就要加到300万美元。大黄蜂在上海某个地方设一个服务点，滴滴出行就要设四五个服务点进行围追堵截。那时，滴滴出行的地推精英全部集结到上海开战，让大黄蜂时刻感到泰山压顶之势。

当时，他们晚上讨论方案，白天倾力执行，晚上又根据效果调整方案，第二天再杀出去打拼。经过几个月的拉锯战，滴滴出行扭转了在上海打车软件市场上的劣势。当时在上海市场，北京的滴滴出行、上海的大黄蜂与杭州的快的打车可以说是“三分天下”。

不久，程维听说上海的大黄蜂要去找百度融资。“忽如一夜春风来，千树万树梨花开”，该来的都来了，“BAT”三巨头悉数杀到打车软件市场。2013年4月，腾讯向滴滴出行投资了1500万美元；2013年6月，阿里巴巴也向杭州快的打车投入了1000万美元。如果百度再投资大黄蜂，那么打车软件市场必然陷入胶着不堪的“三国杀”。这样一来，三大打车软件个个都有钱“烧”了，都有靠山了，以后它们在中国市场肯定会纷争不断，要么大家都没有好日子过，要么被外来的国际化打车软件美国Uber一锅端。

这是滴滴出行不愿看到的局面，于是程维开始活动起来，主动约了百度战略投资部的负责人。当时，程维问他们：“你们是要投第三名（大黄蜂）去搏命，还是要投第一（滴滴出行）？我们的天使（投资人）可以卖原始股争取你们进来。”这时，程维一边跟百度谈投资合作事宜，一边在上海进行重点推广。

结果，在一个月的时间里，滴滴出行就把大黄蜂在上海的市场份额打压下去了，百度开始犹豫不决了。2013年11月，杭州快的打车捷足先登，闪电般并购了上海大黄蜂。就这样，曾经风光无限，争霸上海滩的大黄蜂，被迫改头换面，淡出市场。在打车软件市场，出现了滴滴出行与快的打车龙争虎斗，两强相杀的新局面。

跑马圈地：区域性打车软件活不了

清晨，天色暗淡，薄雾飘渺。在出租车上，一位乘客惴惴不安地左顾右盼，发现大大小小的车已经像铁桶一般把自己坐的这辆出租车围堵起来。这时，出租车里的计费器依然闪烁着红色的数字在不停地计价。看着自己的出租车已经被死死地塞在杭州中河高架桥上，司机一脸铁青，神情凝重，最后他把两手一摊，烦躁不安地咒骂起来："真是堵城呀，这个中河高架什么时候都堵。"

令人憋屈的"堵城"

星期一早晨是上班高峰期，杭州市民的出行则常以大堵车开场。在中河高架桥上，公交车、出租车、私家车一辆紧挨着一辆，堵得水泄不通。很多司机打开车门向前探望，只见车海茫茫，一眼望不到头。"叭叭""嘀嘀""嘟嘟"，很多汽车发出混乱不堪的车鸣声以表示心中的不满，交警们则汗流浃背地在前方疏导交通。"师傅我要下车！"很多乘客为了赶时间，纷纷下车，绕过一辆又一辆冰冷铁质的机动车去上班……

杭州是全国人均机动车保有量比较靠前的城市，平均每3人就有1辆车，车越来多，结果路显得越来越少，所以上下班高峰期路越来越堵，车子也越来越难开。杭州是"中国电子商务之都"，阿里巴巴总部就在这里，此地的人们对互联网、电子商务的理解要比其他城市更早、更深入一些。当移动互联网大潮兴起时，杭州就诞生了快的打车。

2012年8月，快的打车手机APP在杭州上线，乘客可以通过快的打车进行实时打车或者预约用车，司机也可以通过该软件接单做生意。电商巨头阿里巴巴也投资了快的打车这个本土的打车软件，助其迅猛发展。

在获得阿里巴巴投资后，杭州的快的打车迅速与去哪儿、高德地图、百度地图、支付宝成为战略合作伙伴，为其打车功能提供服务支持。与此同时，北京的滴滴出行打车软件也接入了腾讯地图、微信支付，秘密潜入快的打车的老巢杭州进行市场推广。

滴滴出行在上海打压大黄蜂之后，快的打车则迅速收购了大黄蜂的业务，开始在江浙一带与滴滴出行进行火拼。滴滴出行借鉴在上海的打法，调集市场部的精英团队，欲故伎重演，直捣黄龙，实施“重点突破”。

历史上，杭州就是中国最为富庶的地区之一，经过一代代浙商文

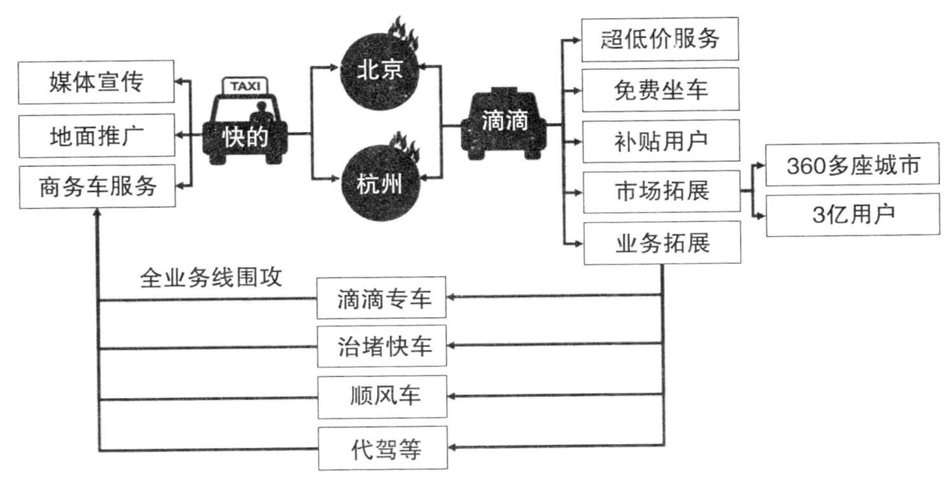

滴滴与快的“互捣黄龙”

化的熏陶，造就了杭州人睿智、内敛、精于理财的特点。通过对人性的深度剖析，滴滴出行先后使用了优惠码、折扣券、代金券等，对司机进行大奖励，对乘客进行大优惠。

在杭州，“精明”的市民并没有像上海市民那样青睐本土软件，而是哪里优惠哪里去，纷纷安装使用滴滴出行打车软件。外来软件滴滴出行通过超低价服务、免费服务甚至做补贴等综合打法，迅速俘获了本地出租车司机的心，并迅速打开了杭州市场。

与快的“互捣黄龙”

杭州的快的打车感到压力倍增，开始“以其人之道还治其人之身”。北京的滴滴出行来到杭州，直捣快的打车的巢穴，动了他们的奶酪。作为反击，杭州的快的打车实施北伐，剑指北京，因为那是滴滴出行的老巢所在。

快的打车的第一波反击，就是在北京召开快的打车2.0版本发布会。当时，快的打车宣告天下，他们的软件首创了起点精准定位、即时追踪距离、智能推送机制、用户积分等级和VIP功能，引起了全国人民的关注。同时，快的打车还雇佣了大量的临时派单人员，在北京各个主要地铁站和街道路口，发放现金兑换券。他们甚至杀到腾讯在北京的办公地点之一希格玛大厦楼下发现金兑换券。此举对滴滴出行的大东家腾讯有点示威的味道。

北京的司机们为了多拉点客人，一部智能手机上，既装滴滴出行也装快的打车，他们一会儿打开滴滴出行抢单，一会儿打开快的打车抢单。有的司机还买来两部智能手机，一部装滴滴出行，一部装快的打车，同时打开，哪边发来的单优质，就抢哪个单。由于打车软件就像手机APP应用一样，只要手机的存储空间够用，就能够装上，根本没有二选一的难题。所以，一位司机可以既是滴滴出行的用户，也是快的打车的用户。经过在北京进行"媒体宣传+地面派券"组合推广，2013年8月底，快的打车的用户迅速突破1000万。

为了扑灭快的打车的嚣张气焰，程维选择与北京市两大出租车调度中心（96106和96103）达成战略合作。通过合作，北京两大电召平台与滴滴出行打车软件系统互通互联，用户既可以打电话叫车，也可以打电话安装滴滴出行客户端（包括乘客端和司机端），以享受相关优惠。北京两大电召平台为滴滴出行输入了多年积累的庞大用户数据，让滴滴出行再次打败了快的打车。2013年10月，滴滴打车市场份额为59.4%，超过其他打车软件市场份额之和。

快的打车发现在北京并没有捞到什么实质性的好处，于是就实施第二波反击。这一回大黄蜂成为了快的打车攻打滴滴出行的新弹药。快的打车将从上海收购的大黄蜂进行业务整合，推出较为高端的商务车服务。

程维获知后，马上制定了"低端打低端，高端打高端"思路。在相对低端的出租车市场，滴滴出行继续对快的打车进行围追堵截，开展持久战。对于快的打车进入较为高端的商务车服务市场，滴滴出行则迅速推出专车、快车、顺风车、代驾等业务，涉及更多的出行领域。

其中，滴滴出行推出的滴滴快车，开始向"堵城"宣战。滴滴快车的特点就是速度快，通过智能出行软件系统，实现快速叫车、快速接载。滴滴快车最大的优势是可以借助社会闲置车辆和运力，通过大数据智能匹配缓解城市高峰期运力短缺的现象，尤其对于乘客上下班出行效率带来明显提高。

这给天天上班受够堵车之苦的杭州市民带来了福音，他们基本不再需要在天桥上傻等了，也不用再看着出租车的计费器发愁。乘客一旦发现堵车，他们就可以叫来附近的滴滴快车，迅速绕道离开堵车区，尽快去上班。

在上下班高峰期，越来越多的乘客直接弃用快的打车的出租车，而改用滴滴快车出行，因为省时又省钱。当时，使用滴滴快车的杭州用户没有出租车所谓的起步价，却享受每千米0.99元、最低只需5元的超低价服务，杭州是全国首个享受这一优惠服务的城市。

滴滴出行的快车业务，既解决了上下班堵车的难题，也给予了用户最大的优惠。就这样，滴滴出行又一次赢得了杭州市民的心，培育了很多忠诚的粉丝。

程维认为，解决了北京、深圳、上海、杭州市民的打车问题还不够，滴滴出行还要进一步扩大战果，要在全国跑马圈地。为了解决亿万普通民众的出行问题，滴滴出行开始在全国范围内扩张，因为区域性打车软件很难存活，就像固守上海滩的大黄蜂那样在外来打击下最终走向覆灭。程维说："我们知道区域性打车软件根本活不下来，跑到全国第一覆盖率是最重要的，相比全国覆盖率，核心重点城市的优先级更高。"

经过精心布局，滴滴出行的业务覆盖了全国几百座城市，拥有几亿用户，其中，北京、上海、深圳、广州、杭州、重庆等城市已成为滴滴出行最核心的业务市场，各大城市的人民在使用滴滴出行后，出行越来越畅通，体验也越来越好。程维说："我本人是'80后'，我不会开车，但是我们用互联网技术连接了中国超过1000万辆的汽车，用大数据调度，用共享经济的模式为超过3亿的用户提供出行服务。"

第3章

谋极致：

3分钟就能叫到车

我们的目标是在未来3年的时间里，不管你在什么地方，在什么时间，3分钟内都可以叫到一辆车。

——程维

产品外包的“忐忑”

滴答，滴答……雨一直下，在灯光昏暗、空气浑浊的仓库式办公室里，有一位发福的斯文年轻人严肃地对同事们说：“9月9日无论如何一定要上线。”这句话对于那些做销售的同事来说，简直是振聋发聩，如雷贯耳。因为他们并不懂技术，也不知道这个滴滴出行软件需要折腾多久才能搞出来。这就是程维对滴滴出行产品上线发出的死命令。

现在，人们动动手指头就能叫到车，十分神奇。那么，这个滴滴出行打车软件是怎么设计出来的，他们是否像苹果公司那样拥有超级豪华的研发团队呢？当然不是了！在公司草创之初，公司里只有从阿里跳槽出来的销售人员，根本没有像样的技术人员。

技校搞出来的“半成品”

2012年6月，程维和吴睿、李响一块儿创业，他们都是从阿里巴巴销售部门跳槽出来的，并成为滴滴出行的联合创始人。

当时，程维提出了一个口号：“移动互联网让出行更美好！”联合创始人李响也判断PC互联网已经没有机会了，而移动互联网还可以搏一搏。他分析称：“互联网在中国来说，可能已经是百度、阿里巴巴、腾讯三足鼎立的一个局面了。我们无论再做什么，都好像是夹缝里求生存。我们看到人们对苹果手机的追捧，就更加相信移动互联网在未来一定是最主流的方向。于是，我们把目光聚焦到移动互联网上，可能会打开新的天地。”

那么怎么做呢？滴滴打车联合创始人吴睿认为，滴滴出行打车软件是一个全新的O2O模式。他分析称：“在滴滴出行软件系统里面有两个端口，一个是乘客端，由乘客用；一个是司机端，由的哥使用。乘客使用乘客端，既可以输入目的地叫车，也可以按着打车按钮说出从哪儿去哪儿。等到附近3千米的司机抢单后，乘客就会看到的哥的信息，比如的哥姓名、出租车公司名称、车牌号、手机号，包括服务的水平等信息。司机安装司机端后，系统就可以自动定位出租车。只要附近有乘客叫车，司机端就会弹出界面，并把乘客发出的信息在软件上进行语音播放。如果的哥觉得这个单不错，就可以点击抢单来接这个订单。”

这些就是滴滴出行的产品需求，程维他们希望这个打车软件能解决出行难的问题，让出行变得更加美好，利用移动互联网实现手机叫车，而且要有两个端口（乘客端、司机端），功能要并行不悖。

为了尽快把滴滴出行叫车软件搞出来，程维找了一家外包公司。

“按照我们的需求做一个叫车软件要多少钱？”程维一上来就问价格，因为天使投资只有80万元，他要省着花。

“做两个端口要15万元！”那家外包公司的老板开了个高价。

“9万元怎么样？如果不行，我们就另想办法了。”程维一下子就砍去了6万元。

“9万元就9万元。我们的技术是一流的，你们提出的那些产品需求和功能，我们全都能实现。”外包公司的老板信誓旦旦地说。

“多久能搞好？”程维急切地问。

“呃，一个月之内搞定，最迟在7月底上线。”

程维发现，这家外包公司有些不靠谱，但是现在又没有多少时间可以消耗。于是，他就把项目交给了这家外包公司做。不过，他也留了一个心眼，先付款30%，做到一半的时候付款50%，做完验收再付20%。

结果，程维原定在2012年7月上线，却被外包公司一拖再拖。后来，程维了解到，这家外包公司把滴滴出行研发项目转包给了一家技校。公司付了钱，却没有见到产品出来，于是程维给外包公司下了死命令，要求滴滴出行无论如何一定要在2012年9月9日上线。

外包公司也给技校师生施压，结果到了9月9日上线那天，程维发现产品满是漏洞。

演示产品的“尴尬”

没办法，再烂的产品也要想办法推广出去。因为在销售界人们坚信这样一个信条：天下没有卖不出去的产品，只有不懂营销的人。

当年，在阿里巴巴做销售的时候，程维带着李响他们去开拓北京市场。阿里巴巴在全国拥有9000名销售人员，几百个销售团队，程维他们这个只有10多个人的销售团队花了1年时间把北京市场的销售额做到了全国第三。李响回忆说：“很多销售团队里，销售冠军的业绩能占到50%以上，我们团队没有特别突出的，能力平均。我们都是新人，从零开始，所以程维自学了很多团队管理的知识。”

程维知道，在阿里巴巴做销售靠团队，现在推广滴滴出行软件，还是要靠团队。于是，程维组建了销售团队，开始推广滴滴出行软件。当时，滴滴出行接入司机端特别困难，因为出租车公司担心交通委的管制，对打车软件态度十分冷淡。为了争取交通委的支持，程维只好硬着头皮，亲自拿着这个存在漏洞的打车软件去交通委演示。

那天，程维意气风发地演示滴滴出行叫车软件。

只见程维在乘客端里输入目的地，然后点击“叫车”，结果司机端没有任何反应，程维紧张得直冒汗。

“咋回事？”“我们有电召平台你们还是别上线了！”交通委的人员交头接耳，骚动起来。

“可能是网络问题，我们再多试几下。”程维迅速把话题岔开，然后飞速检查了智能手机的网络连接，重新演示起来。

就这样，程维用乘客端叫车，十次中司机端只响六七次。在手机不响的时候，大家就盯着该响起来的手机，陷入沉默。其实，交通委的人也很想看到让人耳目一新的叫车软件，但是这个滴滴出行的表现实在太差劲了，该响的时候不响。

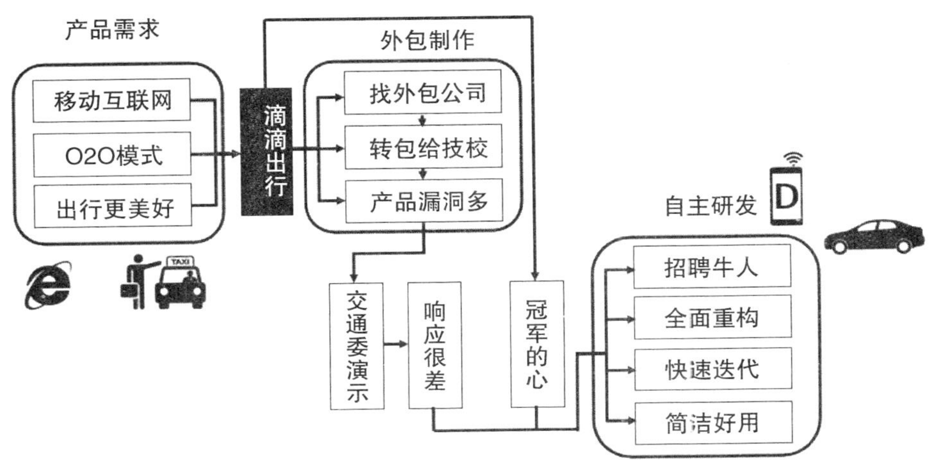

滴滴打车软件从外包到自主研发

“这个是1.0版本，我们正在研发新的版本，这些问题都会得到完美解决。”程维显得十分尴尬。后来，程维也变聪明了，当他再给人们做演示的时候，就带上两部智能手机，每一部都装上滴滴出行，哪部手机响就拿出哪部手机来。这样就可以人为实现“100%响答”了。

这也是无奈的做法，因为滴滴出行的启动资金少，在时间上耗不起，所以即使有缺陷的产品也要快速推广出去，以占领市场。如果等到把产品做好了再去推广，可能就没有这么好的机会了。

保持一颗冠军的心

产品出现了问题，推广又四处碰壁，团队的情绪十分低落。程维开始给大家鼓气，他认为只要大家保持一颗冠军的心，什么事情都可以搞定。程维说：“我看到身边的同学变得越来越像，我们在互相感染，我们希望大家都能够在公司里打开自己，和身边的同学们交心，打开自己才能互相了解，了解才会有信任，信任才会有我们在一起简单的氛围。激情就是我们做事情的标准，是我们每一个人对自己的要求，希望大家永远保持激情，保持一颗冠军的心。”

要想在商业竞赛中获得冠军，就要招聘顶级技术工程师。程维发现外包公司制作的APP太不靠谱，决定进行自主研发。后来，程维遇到百度公司的原研发经理张博，邀其加盟滴滴出行，滴滴出行打车软件的漏洞才得以慢慢解决。程维说：“一分钱一分货，我们对创业者的建议是，宁可慢一点，建立起靠谱的团队后再去做，磨刀不误砍柴工。”

2012年张博加入滴滴出行时，滴滴出行打车软件在他眼里，按百分制来打分，只有10分。它的稳定性差，经常让手机死机，安全隐患又很多，它的架构不足以支撑大规模人群使用，还有它凭空设计出了很多无用的功能。比如，在乘客端，一开始有注册登陆界面，必须填写姓名、性别等一大堆东西，用户在这个页面的流失率是90%。

还有，在司机端居然有清除缓存的功能。当时，张博问搞这个产品的研发人员："你们能理解这个功能吗？"

研发人员惴惴不安地说："哦，那我们先查看一下代码。"

张博又问："你们觉得司机能理解这些代码吗？"

研发人员回答："当然理解不了。"

张博又继续追问："那这样的功能放在软件里有什么用呢？"

那些研发人员变得哑口无言，低下了头……

很快，张博重新组建了滴滴出行的技术团队，开始对滴滴出行1.0版本进行"内外科双重手术"。他带着技术团队开始熬夜通宵改代码，而程维则带着销售团队在外面找出租车公司合作，在出租车集聚的地方搞地面推广。

当时，滴滴出行打车软件每周迭代一次，一直持续迭代两个月，在张博眼里终于及格了。接着，张搏又对产品进行了全面重构，不断开发新功能，以满足用户需求。对此，程维打了个比方说："就好比我们先挖了很糟糕的地基，盖了一幢危房，在危房上不停加盖房间，只能不停地搭脚手架打补丁，让危房不要倒塌。"

在技术团队的不懈努力下，2012年10月滴滴出行推出了1.1版本，增加了出租车到达的即时信息推送，增加了一键重复发送功能，简化了注册流程。当年12月，滴滴出行又推出了1.2版本，开通了预约功能，可以即时预约明天乃至后天的出租车。后来，滴滴出行又增加调度金额修改功能和给司机捎话等功能，一步一步发展成为全国人民最喜爱的、最简洁的、最方便的叫车软件。

出租车100%应答

冬天的广州，依然是花的世界。白云山郁郁葱葱，云蒸霞蔚，山上的紫荆花灼灼绽放，分外妖娆。珠江支流穿城而过，波光粼粼，淙淙入海，江畔的三角梅，绯红如霞，娇艳欲滴。广交会等大大小小的贸易展会轮番开幕，让这座城市变得异常忙碌与繁华。有一位身穿黑色职业装，皓颈上挂着参展证的妙龄女子，正站在珠江新城的花城大道边上打车。

“双十二”当天有求必应

今天，在路边打车的人实在太多了。有个拉着皮箱的男士突然插到她前面，招手拦下了一辆出租车。妙龄女子不得不继续往前走一些，生怕又被别人插到前面去打车。当她发现一辆空的士开过来时，刚想招手叫停。突然来了一个当地的旅游团，那些争先恐后的游客们一窝蜂冲到她的前面，拦下一辆又一辆出租车，包揽了所有空驶的出租车。

“太气人了！”这位妙龄女子气得杏目圆瞪。她看了看手表，急得直跺脚，然后飞速掏出智能手机打开滴滴出行软件，用纤纤玉手在屏幕上比划了两下，成功叫到一辆出租车。然后，她温柔如水地接了个电话和司机确认自己的位置：“对，我在花城大道地铁站附近，要去琶洲会展中心。”

不到1分钟，就有一辆出租车迅速开到，那些旅游团的游客们纷纷招手想要拦停那辆车，结果被那个司机无情地拒载，因为司机已经接了那位妙女子的叫车单。这已经不是先来后到的问题，而是你用不用滴滴出行叫车的问题。

“看到没有，姐我用滴滴出行叫车！”那位妙龄女子高扬着智能手机向那帮人炫耀一番，然后兴奋地坐上出租车扬长而去。游客们目瞪口呆，以为那个出租车司机是她亲戚。

为什么这位妙龄女子这么快就能打到车呢？原来，那一天正好是2014年12月12日——“双十二”。在“双十二”那天，滴滴出行在部分城市发起了以“滴滴打车有求必应”为主题的体验活动。当时，滴滴出行承诺用户在“双十二”当天使用滴滴出行叫车若没有司机接单，并且等待时间超过1分钟，滴滴将给予用户一张不低于8元的出租车券作为补偿，每位乘客当天只能领取一张此出租车券。

当这位妙龄女子在路边利用滴滴出行叫车时，系统在瞬间就将她的叫车单分发到附近200多位出租车司机中，凡是空驶的司机都可以抢单。从花城大道到琶洲会展中心这个单，还是比较优质的，因为拉客过去后肯定还可以拉参展商回来，不会空驶，所以司机们抢得特别快。如果司机们不抢单的话，那位妙龄女子的等待时间只要超过1分钟，她就会获得补偿券。

滴滴出行是唯一一家敢向用户承诺“有求必应、打不到车就给钱”的打车软件公司。由于滴滴出行乘客端和司机端的注册量及活跃度都达到了市场领先地位，同时他们还匹配成熟的技术手段、平台运营经验及补贴激励措施，结果使得用户使用滴滴出行叫车的体验越来越好，司机接载的速度越来越快。

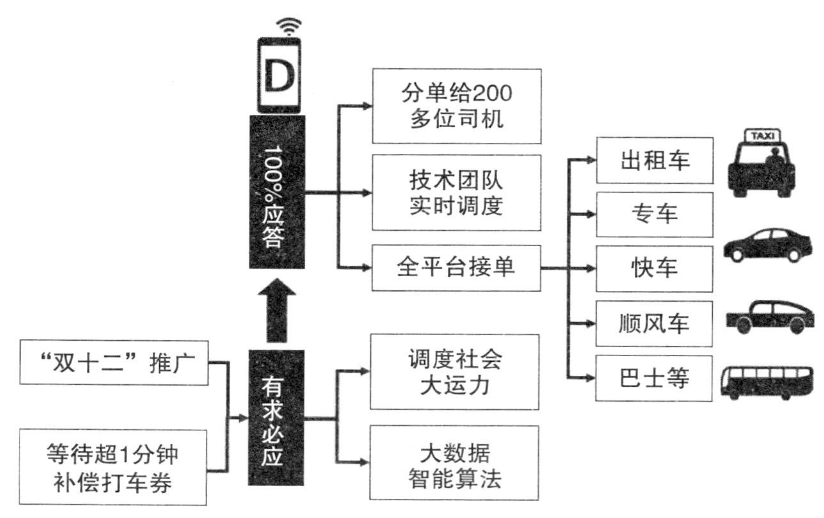

滴滴出行如何实现100%应答

“有求必应”，就是一旦乘客有叫车需求，司机一定要快速响应，滴滴出行需要快速对接与匹配乘客与司机的供求关系，实现乘客快速出行。滴滴出行的这种自信源于平台的运营实力，而平台的运营实力源自于社会大运力和大数据计算。

目前，滴滴打车平台在全国共有数亿的注册用户，而在司机端也有超过千万名出租车司机，覆盖全国超过360多个城市，日高峰订单高达700多万单。正是有了强大的运力作保障，滴滴出行更有把握来保证用户的打车成功率。

此外，滴滴打车还招募了最出色的算法专家，组建了一支超过800人的技术团队，并与一些高校和科研机构合作。他们天天都在研究如何才能持续优化出租车的调度，确保用户订单信息准确推送及进行精准的路线规划。可以说，滴滴出行的抢单系统，其功能相当于城市打车出行的调度室，它以科学的大数据计算选择最合适的司机匹配给叫车用户，可以大大提高用户打车的成功率。

全平台接单100%应答

滴滴出行在“双十二”搞了一天“有求必应”的主题活动，大获成功，其用户和口碑获得同步提升。搞“有求必应”一日游活动虽说简单，但是要长年累月坚持下去就不容易了。为了把类似的主题活动长期开展下去，经过一番筹备之后，2015年5月滴滴出行在全国12个城市同时开启“出租车100%应答”活动。

2015年5月26~31日，北京、天津、杭州、广州、深圳、成都、武汉、重庆、南京、长沙、西安、大连这12个城市的出租车乘客，只要使用滴滴出行呼叫出租车，就可以享受“100%应答”的服务。滴滴官方承诺，在活动期间“叫出租就有车，全平台来接你”，如有乘客打不到车还将免费获得出租车券作为补偿，最高补贴每位用户每天5元。

程维介绍说：“我们率先在出租车领域尝试‘100%应答’计划，该计划旨在帮助更多的消费者更快、更方便地打到出租车。”

“100%应答”计划，就是乘客在乘客端叫车，就会实现100%应答。有了这个计划之后，就不会像以前那样，乘客下的一些短途的叫车单，经常得不到应答，因为在附近的司机认为那是一些不优质的订单，而乘客下的一些长途的单，如去机场、火车站、高铁站的叫车单，通常会有一大堆司机去疯抢。

“100%应答”，全靠滴滴出行订单系统的智能调度。有时候，系统会将用户的订单准确推送给几千米开外的出租车司机，因为这辆出租车的司机正从别处拉乘客过来，等客人下车后，司机正好过来接载叫车的乘客，以实现“零空驶”。所以，有不少乘客可能感觉到用滴滴出行叫车，叫来的可能是较远的出租车而不是附近几十米的出租车，其实这里面有很复杂的算法。

在“100%应答”活动期间，如果乘客没有叫到出租车，滴滴出行将会动用全平台的运力，通过后台智能调配各档次的车辆来接载客人，这些不同档次的车辆包括专车、快车、顺风车、代驾、拼车、城市巴士等。有了这样强大的运力作为保障，乘客即使打不到出租车，也可以打到快车或者顺风车。

以前，程维去交通委演示滴滴出行的初期产品时，由于技术不完善，他演示叫车10次，能实现70%应答就算不错了。为了掩人耳目，他不得不拿着两部手机去演示，哪部手机响就拿出哪一部，当时，他被迫通过这种人为方式来实现所谓的“100%应答”。当时程维的尴尬与苦楚，是很多人无法理解的。

经过几年的拼搏与努力之后，滴滴出行不断获得风投的追捧，不断发展壮大，不断用技术手段努力实现乘客叫车“100%应答”、司机接载“零空驶”。滴滴出行一方面通过乘客端对接了亿万群众的出行需求，另一方面通过司机端对接了社会大规模运力，然后通过大数据计算，对订单进行实时最优匹配，对接乘客和司机的供求关系，真正实现了乘客打车“100%应答”。

专车ACE服务，极致舒适体验

一个周末的下午，残阳渐渐坠入城市西边的高楼大厦后面。一位衣着性感的女白领始终微笑着站在马路边。她长发如瀑，裙裾飘飘，就像一朵尽情绽放的玫瑰。她是厦门某公司的公关经理赵女士。春节过后，她被家里的父母逼婚逼得烦透了，经过姐妹们的一番指点，今天她要打打专车，看能否遇到自己心仪的高富帅。

打专车的另类福利

2014年8月，滴滴出行宣布推出滴滴专车服务。滴滴专车面向中高端商务客户群体，为用户提供更加多元化的出行选择。就车辆而言，滴滴专车比出租车、快车等车辆要高档得多，像宝马、奔驰、奥迪之类。开这种车接载乘客的人一般是有钱人、富二代、企二代，他们在上下班时顺路捎个客人，很多人并不图赚钱，只图找人聊天解闷。所以，这些开着豪车的专车司机，就成了众多“剩女”竞相追逐的意中人。近段时间，赵女士的几个女同事，通过经常打专车，已经成功挺进了高富帅交际圈，所以赵女士也是蠢蠢欲动。

为了增加对接高端人士的成功率，赵女士也是绞尽脑汁。她认为在上班高峰时，这些高富帅不会拉客，反倒在下班后一两个钟头，他们会在闲来无事时抢个单。因为下班了很多男人会觉得寂寞无聊，才会想到载个美女聊聊天。还有，因为开豪华车的人也不太喜欢堵车的地方。于是，赵女士故意叫一辆专车，说要打车去郊区的别墅区。

很快，一辆一尘不染的白色宝马5系豪车呼啸而至，赵女士激动得心差点都要飞出来了。只见，她拿出订单短信，核对了一下车牌号码，然后就故作优雅地坐到后座中去。这时，那个年轻的司机回头一看，然后就惊叫出来："原来是你。"

"哦，怎么会是你，你不是去北京发展了吗？"赵女士仔细观察了一番，原来这个年轻的司机就是自己的前男友。当年前男友说要去北京某物流公司发展，而赵女士却留恋厦门，所以两人只能分手。后来，男友又被北京的总公司派到厦门做物流分公司的经理。真是无巧不成书，分手多年之后两人又见面了。

夜幕降临，专车缓缓开动，车外的风景变得模糊，车里的气氛也变得很尴尬。赵女士想通过打专车认识高富帅，而高富帅男友也想通过专车接些美女单以发展女朋友。现在两个人的心思，大家都心知肚明了。他们一言不发，最后，快到目的地时，男司机怯生生地问："这么多年了，你还单身吗？"

"是呀，你呢？"赵女士神情忧伤起来，看到前男友已经脱胎换骨了，她也想再续前缘。

"我也是，现在忙着供楼供车，哪里有时间谈恋爱呀，所以没事就出来拉活……"前男友司机笑逐颜开，"看来我们还是很有缘的，不是吗？今晚有没有时间一起喝一杯。"

"好呀！"赵女士心里一百个愿意。就在这样一部豪华专车里，有一个高富帅前男友和一个为情所困的前女友，又开启了一段新的恋情。

以前出租车司机的形象都比较差，要么骂骂咧咧如怨妇，要么

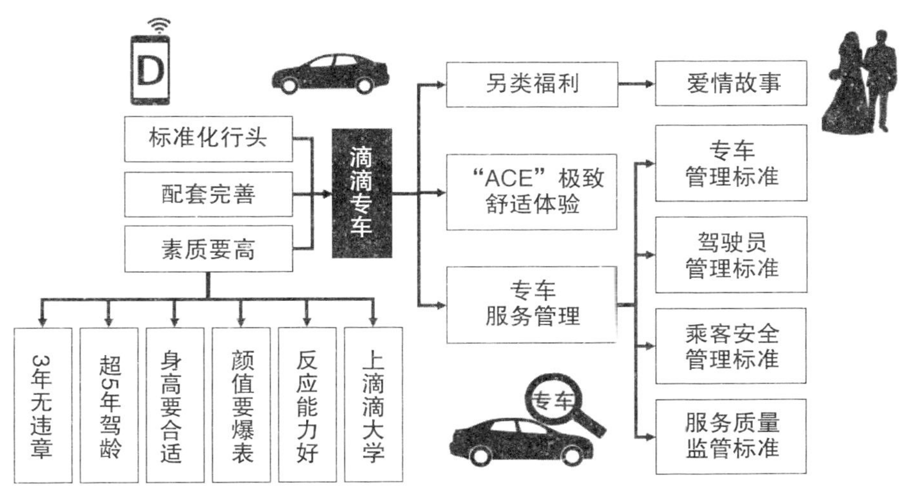

滴滴专车服务：极致舒适体验

灰头土脸，颜值不高。自从滴滴出行推出专车服务之后，这种形象大大改变了。怪不得有不少"剩女"想通过这种方式找到自己的另一半呢！美女们只要在上下班时间打打专车就可以了，既不用上电视征婚节目那样明目张胆秀肌肤，也不会影响自己安身立命的本职工作。

滴滴专车是滴滴出行针对传统出租车行业推出打车服务之后上线的第二款产品。目前，在北京、广州、深圳、上海、杭州、厦门、郑州等很多城市已经开通。之后，专车服务又进一步加码。2015年5月，滴滴专车推出了"ACE"增值服务，该增值服务的最大特色，就是要求司机的颜值要高，也就是司机颜容英俊或靓丽的数值要高出一般的出租车司机。

专车司机上滴滴大学

滴滴专车提出的“ACE”增值服务就是“Absolute Comfortable Experience”（极致舒适体验）服务的简称。

首先，所有经过ACE认证的司机要有统一标准化的行头。根据ACE服务标准，专车司机在抢单拉客时要身着带有“ACE”标识的定制西服、衬衫及领带。在整个行程中，专车司机要真正视乘客为上帝，要使用标准敬语提醒乘客相关乘车注意事项，在改变路线时要征询乘客的意见。

其次，专车配套完整，服务到家。根据ACE服务标准，专车司机在车上，要无偿提供饮用水、车载充电器，还要配置湿巾、擦眼镜湿纸、蓝牙耳机、蓝牙音响、防霾口罩、车载Wi-Fi等用品供乘客使用。还有，对于抽烟的乘客，专车司不能横加制止，而要准备好清洁袋供其存放烟灰。此外，专车司机还要允许乘客携带宠物，并为老人、孕妇、小孩等乘客提供特殊定制服务。

最后，专车司机素质要高。根据ACE服务标准，专车司机的选拔较为严格，只有3年无违章记录、5年以上驾龄的司机才有机会评选为ACE服务专车司机。滴滴出行平台会对专车司机的身高、相貌及反应能力进行严格考核，考核通过的司机还要进入滴滴大学进行专门的培训。

司机也要上大学？这是很多公司做不到的，但是滴滴出行做到了。滴滴大学共开设了10门课程，课程设计主要分为文化、业务、必备技能3个模块。培训周期共计4天，全程采取封闭式管理，主要为了在短时间内提高司机的综合素质。

当然，有这么好的服务，收费也是水涨船高，选择ACE专车的乘客，都将多付30%的ACE服务费。

不过，像司机爆发路怒、侵犯女乘客等现象也是时常见诸报端，这些颜值爆表的专车司机拉客有安全保障吗？为了消除乘客的安全顾虑，滴滴出行发布了《互联网专车服务管理及乘客安全保障标准》。这是首个互联网专车服务标准，详细制定了专车管理标准、驾驶员管理标准、乘客安全管理标准和服务质量监管标准。

在车辆管理标准方面，滴滴专车要求所有车辆必须具备国家规定的安全行驶条件，行驶手续齐全，运行状态良好。所有车辆要求车龄均为5年以内，且均为知名品牌的中高端车型。车辆行驶里程达到5000千米，就要进行安全检测和车辆维修保养。

在乘客安全管理方面，滴滴专车通过互联网和GPS等技术手段，对专车服务和车辆行驶轨迹进行全程监管，保障服务过程中的乘客人身安全和财产安全。从乘客下单开始到最终支付的整个服务过程，专车都可以全程记录。如果出现紧急情况，滴滴专车将会出动应急处理团队，处理应急事故、乘客突发安全状况、自然灾害等。

滴滴专车为乘客提供完善的保险体系，每一辆滴滴专车除车辆基本的交强险及商业险外，还设立了百万级的理赔基金。滴滴专车还创立了乘客“先行赔付”基金，并已和保险公司共同达成责任险合作框架，对在体验专车服务过程中发生的事故，由该基金先行给付赔偿，解除乘客后顾之忧。滴滴出行把“先行赔付”制度运用于解决提高乘客安全保障服务，在交通出行行业内尚属首例。

在服务质量监管方面，乘客在专车服务结束后可直接在软件内进行评价和打分，当周累计评价不达标的司机都将被“静默”，即不再派发订单，直到重新培训合格后方可接单，超过3周评价不达标的司机将直接解除合同。对于无故爽约、飞单的专车司机，滴滴出行一经核实立即解除合同。

出行档次化：快车、代驾、顺风车、巴士等

接近年关，瑞气呈祥，路上车来车往，天上云舒云卷。在深圳一栋甲级写字楼里，老外CEO叫来行政主管李飞，问道："年会准备得怎么样了？"

"呃，还好吧！"李飞简单地回答。

"'呃'是什么意思，'还好吧'算是准备好了吗？请你大声肯定地回答！"老外CEO被中国员工这些模棱两可的腔调搞得七窍生烟。

年会用车企业版

"酒店已经订好，晚会节目也安排好了，现在就差用车安排了。"李飞说出自己的难处。

在他们的企业里，高管和普通员工加起来共有200多人，平时可供使用的只有公司里的3辆车。如果晚上用这3辆车接员工到酒店，起码要来回跑20趟左右，既浪费时间，又很难做到全体员工同时入席。

"现在公司用车紧张，你要想办法解决，可以找外面的运输公司合作，保证每个员工都能准时出席年会。"老外CEO给他指了一条路。

"是，是，是……"李飞应诺后，就退出了老外CEO的办公室。

李飞回来后，在网上搜索了很多当地的运输公司，发现他们配

备的车辆很难达到出行档次化的要求。因为老总不可能跟着员工挤大巴，高管们也不可能跟CEO一起坐商务车。还有，200多位员工起码要5辆大巴才能一次性接完，现在接近年关，运输公司要么派不出这么多车，要么要价太高。

后来，李飞依据同事的建议，联系了滴滴出行企业版，结果在年会当晚，李飞为老板和老外CEO叫来了豪华版专车，又为高管叫来了彰显身份的快车，还为四方宾客叫来了到处可以接载的出租车，也为员工叫来了商务巴士。年会结束后，李飞还为那些醉酒的员工叫来了顺风车或代驾司机。那天，李飞圆满完成了年会用车安排，既节约了公司出行成本，也做到了出行档次化，人人都很满意。

现在，滴滴出行的服务业务主要包括出租车、专车、企业版、顺风车、快车、巴士、代驾、试驾和专机等。下面，简单描述一下滴滴出行各大业务的推出情况。

2012年9月，滴滴出行上线，最终让360多座城市的乘客实现手机叫出租车服务。

2014年8月，滴滴出行宣布推出滴滴专车服务，让乘客用手机轻松叫到中高档商务车。

2015年1月，滴滴出行推出滴滴企业出行服务，主要为国内4000万中小企业提供商务用车服务，简称企业版。

2015年4月，滴滴出行推出了顺风车服务，并推出跨城行程拼车服务，方便广大车主出租空余的座位。

2015年5月，滴滴出行推出滴滴快车服务，为用户提供快速出行服务。

2015年7月13日，滴滴出行和西安航空飞行体验中心签署合作协议，双方联合推出一号专机，乘客可以用手机叫飞机出行。

2015年7月15日，滴滴出行推出了巴士业务“滴滴巴士”，它整合了各类客车、巴士资源，极大方便乘客定制公交、智能班车和校车等业务。

2015年7月28日，滴滴出行推出了滴滴代驾业务，主要为那些不方便开车的人士提供代驾服务。

2015年12月，滴滴出行又推出了滴滴试驾业务，主要向终端用户提供试驾和卖车服务。

从手机叫出租车到手机叫专车、叫快车，从手机叫巴士、叫顺风车到手机叫飞机，从地上到天上、从叫车到卖车，滴滴出行之所以要推出这么多业务，提供这么多有层次、有档次的服务，主要是为了让乘客能100%叫到车，实现美好出行的愿望。

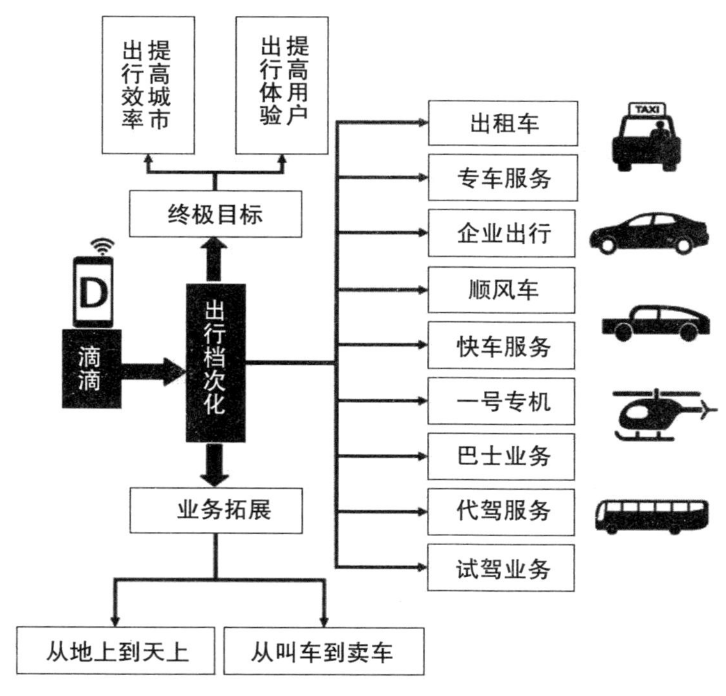

滴滴让用户出行档次化

程维说："以前，我们用手机只能叫到出租车，不管我们怎么努力，在高峰期只有40%的用户能够叫到车。我们说能不能提供更多的供应，能不能提供更多的服务，满足不同用户的需求？所以有了服务更好的专车，所以有了更加便宜、更加快捷的快车。后来，我们意识到，最大的瓶颈是道路资源稀缺。有没有可能把所有同行人都拼在一起？所以有了顺风车，所以有了滴滴巴士，所以有了今天的快车拼车。"

从地上到天上，从叫车到卖车

滴滴出行一下子就推出这么多业务，既可以迅速细分和占领各领域的打车市场，又可以有效满足不同用户的出行需求。那么，从叫出租车到叫飞机是否细分过度，会不会给用户带来选择的困惑呢？下面我们分析一下滴滴出行各大业务的区别。

滴滴出租车：属于经济适用车，如果乘客钱不多，要确保100%出行，就可以叫出租车出行。因为出租车司机一般比较专业，对路况应急处置能力较强，而且出租车在全国的覆盖率是最高的，几乎每个城市的乘客都能叫到车。

滴滴专车：用于接载乘客的专车属于中高档车，费用比较高，一般来说为保证重要人物出行显得更有身份和地位就可以叫此类车，如为老板、贵宾叫专车。

滴滴顺风车：就是市内拼车或跨城拼车，乘客可以寻找和自己顺路的车主结伴而行，这样既可以解决出行问题，又可以扩大交际圈。乘客跨城出行，很多出租车不愿去的时候，就可以拼一拼滴滴顺风车。当然拼的是别人的车，又没有像出租车那样是专业做营运的，所以乘客需要特别注意个人安全。

滴滴快车：就是叫最近的车过来接载乘客，这种车就图速度快，快速接载，快速送达目的地。赶时间、需要紧急出行的乘客可以使用滴滴快车，比如赶飞机、赶高铁、赶吉时等。

滴滴一号专机：叫的是飞机，适合较为奢华旅行的乘客，比如结婚旅行、飞行体验等。或者在地面交通实在堵得走不动时，乘客也可以尝试使用，只不过这种航线太少，无法在全国大范围内普及。

滴滴巴士：就是手机定制公交车，乘客可以在手机上选起始地点、选座位，也可以在地图上看公交车行进路线。只是公交车路线较为固定，有时候也拥挤不堪，定制的座位根本无法保障，所以乘客用手机叫巴士不可能像手机叫专车、叫专机那样获得更好的出行体验。

滴滴代驾：就是叫司机过来帮助开车，如果乘客原本就有车，只是因为受伤、喝醉了或者其他原因不能开车了，不想操动方向盘了，就可以叫滴滴代驾。

滴滴试驾：与叫车服务不同，它本质上是一种卖车服务。如果你刚领了驾驶证，又很想试驾一番再决定是否买车，就可以预约滴滴试驾服务。在试驾之后，如果你觉得车辆性能还不错，价格也处于可以接受的范围，就可以在商城上定购属于自己的爱车。

在滴滴出行这么多服务中，可以说没有业务不明确的车种，只有犹豫不决的乘客。如果乘客有叫飞机的心，却没有打出租车的钱，那么只能去坐滴滴巴士。如果乘客既想图速度快，又想享受专车的待遇，那么他只能一个人去选择企业版。乘客要想做到100%出行，就要老老实实叫来出租车。

经过多年深耕细作，滴滴出行已经为用户提供了全方位、全业务线的服务。滴滴出行的产品线已经从地上延伸到了天上，形成了一张巨大的出行网络。从地上到天上、从叫车到卖车，几乎所有与车有关的服务，都可以通过滴滴出行一站式平台来实现。就这样，滴滴出行连接的用户越来越多，所连接的车辆也越来越多，而且种类也越来越丰富，最终提高了整个城市的出行效率，提高了每一个用户的出行体验。

程维说："每天我在办公室都会看着窗外路上的车流，就想有没有一天路上所有的交通工具都会被连接到线上，用一个更加聪明的大数据的调度引擎做最优的匹配和导航，提高整个城市的出行效率，提高每一个用户的出行体验。所以，过去3年滴滴连接了1400万辆的各种各样的出租车、专车、快车、顺风车，未来3年我们希望建设中国最好的大数据的引擎，能够让交通、让出行更加智能。"

极速响应：任何地方3分钟内叫到车

海风吹，海浪涌，椰林婆娑，海鸥翩跹。海的尽头是蓝蓝的天，天的尽头是蓝蓝的海。海与天，就像恋人一样，它们相互依偎，它们把自己的颜色、自己的一切给了彼此，所以海与天都变成了统一的蓝色。

在天涯海角叫车

在三亚市天涯海角游览区，有很多著名的巨大石刻，在那些饱经风霜的石头上镌刻着红艳艳的“天涯”“海角”“日月”“南天一柱”等字迹。这就是天涯海角，这里就是天地的尽头，游客至此，既满足了天涯情结，也成就了很多爱情故事。

这一天，来自珠海的小霍十分开心，因为他带着他的新娘小金来到了三亚市天涯海角游览区游玩。他们的爱情来之不易，小霍在珠海一家电子厂上班，而小金则是来自东北的女孩子。经过多年的爱情马拉松之后，两人终于修成正果，领证结婚。为了巩固爱情，为爱情保鲜，小霍决定带着新娘子去天涯海角旅游许愿。

以前，小霍他们跟团旅游总体上的体验是比较差的，因为整个旅程要逛太多购物点，根本无法静心游玩，而且来来去去只能挤上一辆大巴车，到处都是跑马观花、如蜻蜓点水般奔游。这次，为了让旅游出行更加完美一些，他们选择了自由行，自订酒店，自行叫车。

“亲爱的，好玩吗？”在沙地上，小霍拉着小金的手含情脉脉地问。

“有你的地方就好玩。”明眸善睐的小金先巧妙地回答，然后转移话题，“时候不早了，该叫车回去了吧？”

“亲爱的，已经叫了，李师傅马上就到。我们很快就可以回到酒店里休息了！”小霍高兴地用智能手机展示一条叫车回复短信。

为了让这次旅游出行更棒一些，小霍全部用滴滴出行叫车，如果叫不到出租车，他就抬高一个档次，用手机叫专车。每一次他们只需等待3分钟左右，就有出租车、专车来接他们往返于市区酒店和三亚各大景区之间。

在解决了出行的难题之后，小霍和小金享受了愉悦难忘的蜜月之旅。在天之涯海之角，他们两人手拉手、心贴心，定格了很多美好的瞬间。这里的礁石、大海和天空都可以为他们做证，他们的爱情是可以经得起岁月洗礼的，哪怕是天荒地老，海枯石烂，他们也不会再分开。

在天涯海角都可以叫车了，其他地方就更不用说了。

滴滴出行已开通服务的城市有北京、深圳、广州、上海、杭州、武汉、成都、天津、重庆、南京、大连、西安、厦门、佛山、青岛、郑州、三亚等360多座城市。

正是有了这样庞大的服务网络，所以人们用手机叫车越来越方便，出行体验也越来越好。滴滴出行一直在努力提高人们的出行体验，他们主要做到了两点：一是全国都能叫到车，就是要让乘客在全国各地能随时随地叫到车，为此滴滴出行需要构建一张全国出行的城市网络；二是响应速度快，为此滴滴出行需要运用大数据平台对司乘

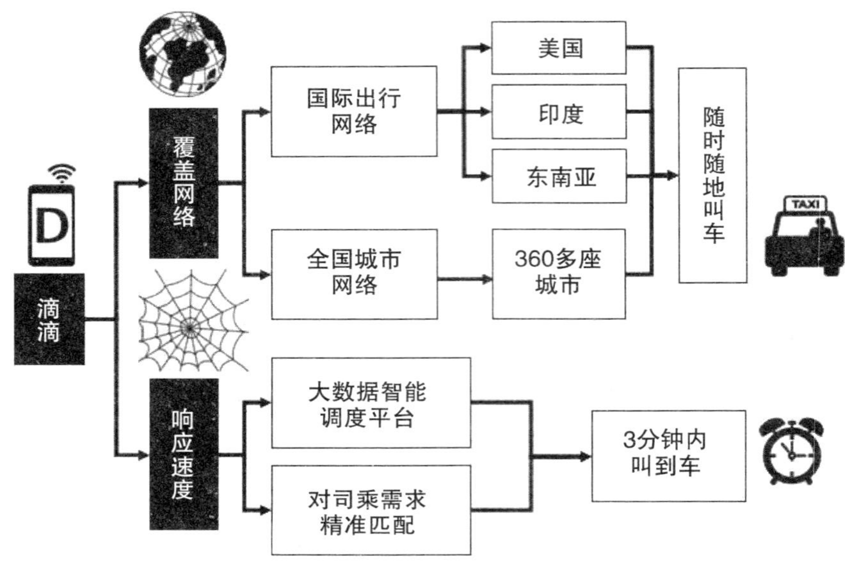

不论在何时何地，乘客在3分钟内叫到车

需求进行精准匹配，让乘客在任何地方3分钟内都可以叫到一辆车。

3分钟内叫到车

在全国范围内实现快速叫车的滴滴出行，是一家什么样的公司呢？在2015年12月世界互联网大会乌镇峰会上，程维向人们解释说："滴滴是一家致力于解决老百姓出行难，通过互联网和共享经济的模式去缓解交通拥堵和污染的一家移动互联网公司。"

可见，滴滴出行的用户定位，是要解决广大老百姓的出行问题，而不是盲目走高端客户。

谈到互联网，很多人就联想到美国的谷歌、脸书和亚马逊，但是在中国一谈到互联车打车服务，几乎都知道滴滴出行。因为在中国互联网叫车市场，滴滴出行的创新更多、改革更大。程维说："在短短3年的时间里，我们推出了很多出行的服务。最早我们是一款打车软件，我们希望通过互联网解决信息不对称问题，让你可以找到车，不用在路边等待，让出租车不用扫马路也能够找到你，提高整体的效率。结果，中国是最多地把出租车司机和用户连接在一起的市场，而美国的出租车现在还在扫马路。"

在成功对接1000多万出租车司机之后，滴滴出行还开辟了专车、顺风车、拼车等几大出行服务项目，他们希望让司机的服务变得更加有价值，希望确实缓解国内堵城的交通压力。程维说："我们还推出了专车服务，我们希望出行领域的服务变得有价值，用户用价格奖励那些服务好的司机。我们推出了顺风车服务，我们希望以后号召大家减少甚至消除独自驾驶，让所有自驾出行的人，副驾驶上都能够捎上一个顺路的伙伴。我们还推出了拼车服务，我们希望任何一辆专车、快车和出租车，未来都能像公交车一样在城市里面不停止地穿梭，可以把用户拼在一起，下去一个上来一个，不停地运转，使用效率提高了，拥堵就会得到缓解。"

为了实现极速响应，程维提出了3个"任何"。程维说："我们希望建设一个中国人领导的、全球最大的一站式出行平台，我们希望在未来的3年时间里，每天服务超过3000万的用户、1000万的司机，我们希望让任何人在任何地点、任何时间都可以很方便地在3分钟内叫到一辆车。"

中国幅员辽阔，要想在这样的大国里，让任何人在任何地点、任何时间都可以在3分钟内叫到一辆车，是有相当大难度的。

为了实现这个目标，程维打算通过3个手段来实现：一是智能出行做好服务；二是国际化，构建全球出行网络；三是以大数据作为驱动，让互联网连接一切。

程维说："2015年滴滴推出了很多垂直的出行服务，2016年我们希望打通这些服务，变成一个智能的出行助手，预测你的出行需求，根据当时你附近的交通状况提前安排好适合你的出行工具，就像你的助理一样，我们希望滴滴不再只是一个天上的打车软件，而是能够踩到地上更接地气，去打通汽车流通和服务的产业链，给司机提供更好的服务。

"我们希望滴滴更加国际化，我们还是很年轻的公司，但是我们看到美国很多公司从第一天始，就是把自己定位成一个国际化的企业，而不仅仅是一个本土企业。

"我们希望去探索中国企业国际化的道路，构建一张全球出行的网络，明年中国的用户去美国、去东南亚、去印度就可以用滴滴叫一辆当地的车。我们同时也希望自己变成一家大数据驱动的公司，我们觉得前20年互联网的发展，是用互联网连接一切，未来30年是云端大数据、深度学习、人工智能驱动一切的时代。"

第4章

补短板：

我们是被催熟的

很多人问我，滴滴创业过程中最大的困难是什么。在我看来，创业很少有最大的困难。现在的创业是平衡的创业，不像过去依靠长板去赢。现在的创业过程其实是不停地补短板的过程。

——程维

效仿阿里巴巴，用大数据打造商业模式

旭日喷薄而出，朝霞绚烂绯红，美国旧金山湾碧波荡漾，游轮点点，浮光跃金。金门大桥这座橘红色的大吊桥，跨越了旧金山湾和金门海峡，就像两把指向天穹的光剑一样，雄伟壮观，气势磅礴。在《终结者》《猩球崛起》《X战警》等美国大片中经常会出现这座大桥的身影。金门大桥就是旧金山湾的象征，而旧金山湾以南的硅谷，就是美国科技创新的象征。

组团去硅谷挖人

这一天，有一支来自中国的特殊团队，他们西装革履，谨言慎行，因为他们来这里不是观光游览的，而是为一项“秘密任务”而来。他们是程维派到硅谷专门挖华人专家的猎头代表团，带头的是滴滴出行的CTO（首席技术官）张博。这个代表团队先是参观硅谷的各大公司，然后再想方设法秘密约见华人专家，动之以情，晓之以理。

不久，滴滴出行硅谷代表团就把硅谷大数据和机器算法领域的华人专家们请到一起交流，开始游说他们放弃美国的高薪职位，回国创业，加入滴滴出行。当时，代表团游说这些华人，主要是打“远游在外，心系祖国”这张情感牌。

在交流会上，面对众多华人专家，滴滴出行硅谷代表团言辞激昂地反问他们："中国最早派人出国学习是北洋时期，东去日本，西去欧洲，唯一的目的是师夷长技以制夷，学成能够回来建设祖国，没想到大家就近加入了太平洋舰队。"

那些华人专家听后，若有所思，低头不语。很多华人专家因为各种各样的原因，选择留在了美国硅谷工作，但是他们当中的一部分人还是希望有朝一日能以某种方式回归祖国。因为这些华人专家的中国心并没有泯灭，只是国内很多技术条件不成熟，他们最大的担心就是回国之后，自己所学的技术就可能变成"英雄无用武之地"了。

现在，滴滴出行迅速发展起来，已经成为中国互联网打车服务的巨头，拥有几亿用户，对接了上千万的司机，并获得风险投资的追捧，他们也开始使用大数据打造全新的商业模式。所以，程维就悄悄派遣代表团来到硅谷挖人，结果滴滴出行真的从美国硅谷挖来了顶尖的工程师和学者，开始打造以大数据作为驱动的大型互联网公司。

程维说："我们告诉他们中国发生的事情。很多旳美国华人一线工程师、一线学者，对回来创业没有信心，不了解市场，而加入'BAT'三巨头又会是一个萝卜一个坑很难有作为，那滴滴出行就是一个很好的落脚点。我们就这样带回来了十几个人才，他们还在不断地辐射。"

有了资本又有了人才之后，程维更有信心打造机器学习研究院。2015年5月，滴滴出行正式成立机器学习研究院，并于2016年4月将其升级为滴滴研究院，主要聚合世界顶尖人才，以增强滴滴出行平台对大数据的智能分析能力，以便为用户设计最合理的出行方案。

滴滴研究院吸引了多名机器学习、人工智能领域的国际知名学者和来自世界一流企业的专业技术人才加盟，极大地增强了公司整体的技术实力。其首任院长何晓飞、副院长叶杰平等，都是深度学习领域很有造诣的科学家，他们组合在一起，主要研究智能交通的算法问题。这使得滴滴出行机器学习研究院真正成为以华人为主导的研究院。

滴滴研究院院长何晓飞教授可以说是超级技术专家。他于2000年毕业于浙江大学，获计算机学士学位；2005年毕业于美国芝加哥大学，获计算机博士学位；之后，加入美国雅虎公司，任职研究科学家；2007年作为人才引进加入浙江大学，任职教授。近年来，他主要从事人工智能、机器学习及数据挖掘等方面的研究。

机器学习研究院

看到这里，或许有人会问，滴滴出行这样一个小小的打车软件，有必要搞一个研究院出来吗？

当然有必要了。因为滴滴出行已经不是一个区域性的打车软件，而是一个全国性的打车软件，国际化布局是迟早的事。滴滴出行每天需要处理的订单数据量特别大。

在中国，滴滴出行已经覆盖全国360多个城市，2015年全平台（包括出租车、专车、快车、顺风车、代驾、巴士、试驾、企业版等）订单交易量达到14.3亿个。滴滴出行平台面临着越来越严峻的大数据挑战，每天会接到近1000万人次的出行需求，每天都要处理约50TB的数据。

50TB的数据是多少？50TB=51200GB=52428800MB。一部120分钟的RMB格式的电影的数据大小基本在1G左右，也就是说50TB是5万部电影的数据量，而一首MP3格式的歌曲的数据大小基本在4MB左右，也就是说50TB是1300多万首普通歌曲的数据量。

随着滴滴出行的迅速发展，滴滴出行平台的数据库规模越来越大、复杂性也越来越高，要想有条不紊地处理好这些数据，必须成立专门的研究院，研发一套行之有效的算法。何晓飞教授曾经说过：“在大数据时代，获取数据变得相对比较容易，但如何有效地分析和理解海量数据仍是一个很大的问题。为了能够有效地借助传统机器学习算法的思想来解决大数据时代的问题，需要对数据本身进行更加紧凑有效的索引和表达。另外，不仅仅是数据的量大，数据的高维性（多维数据）和实时性也是大数据机器学习面临的两大挑战。”

只有迅速发展大数据机器学习，让智能机器帮助分析处理订单，才能实时快速处置海量叫车订单。如果一个平台老是使用传统人工对接的方法，是永远做不大的。滴滴出行成立机器学习研究院，就是要将智能机器学习的方法引入滴滴出行平台，让这个调度平台变得更加智能、更加灵敏，进一步减少人工的干预。

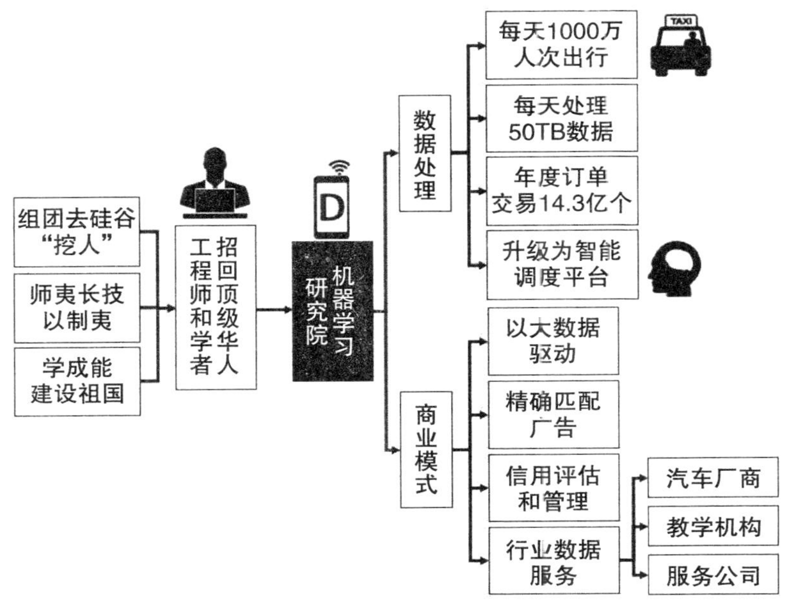

滴滴成立机器学习研究院

滴滴出行正是基于更好的大数据智能算法，而推出了更为精准的顺风车、拼车服务。系统平台通过机器学习智能系统精准算出开在某条路上的某个顺风车上还有一个空余的座位，随后系统马上会向沿线上的乘客推送拼车信息，以便司机能在前方不远的路段捎带一位乘客，以享受共同出行的乐趣。

怎么用大数据挣钱

滴滴出行机器学习研究院除了在大数据机器学习领域发展智能算法之外，还在智能交通、数据挖掘、图像识别等人工智能领域进行研究。程维连同很多联合创始人都是从阿里巴巴出来的，他们对运营平台比较有经验，所以很自然地学会了用大数据打造商业模式。阿里巴巴创始人马云曾大声疾呼：“未来最大的能源不是石油，而是大数据。”

滴滴出行机器学习研究院研究出来的智能算法，科研成果不仅使用在滴滴出行平台上，还积极与其他机构共享。2015年12月，滴滴出行与北京交通大学达成战略合作，共建“北京交通大学滴滴共享交通大数据研究中心”，以期通过大数据分析及整合，以研究应用为核心，建立大数据智慧分享平台。这是国内首个移动出行领域共享交通大数据研究中心，或将成为产学研协同合作的样板。

一般来说，很多刚创业不久的互联网公司，盈利模式是不清晰的，所以有句行话说得好——“羊毛出在狗身上，猪买单”。滴滴出行还会搞发补贴、免费坐车等极具吸引力的出行活动来维系客户，虽然不赚钱，但他们希望借此寻找一个更好的商业模式。或许，未来滴滴出行也可以像阿里巴巴那样根据大数据资源，开发更为清晰的盈利模式。

众所周知，经过十几年的经营，阿里巴巴渐渐演变成一个以大数据来驱动的公司，拥有大量的消费者数据、小企业数据、金融数据、物流数据。那么，阿里巴巴是如何用这些大数据来挣钱的呢?

第一，精确匹配广告。当你在淘宝搜索某个产品时，在一段时间内，无论你是在哪台终端上打开网页，只要该网站有淘宝联盟的广告，那么你在其他网站上看到的也是该类商品的广告。这就是阿里巴巴在利用大数据进行精准广告推送。同理，滴滴出行也可以根据乘客下单信息，推送相关度较高的叫车信息。如用户到达目的地后，推送返程叫车信息，推介更优惠的出行方式等。

第二，信用评估和信用管理。现在，阿里巴巴通过支付宝搞出的芝麻信用，依据用户信用情况推出花呗小额信贷服务，用户可以在信用额度范围内在这个月先透支用钱，在下个月还钱。同理，滴滴出行平台也可以据此推出坐车信用，让一时没有钱但是信用良好的乘客先坐车，后买单。

第三，行业数据服务。例如，阿里健康根据自身存储的医疗数据（如什么客户买什么药等信息），已经与多家医药公司开展合作，为医药企业提供市场评估决策、销售优化、渠道治理与跟踪、供应链管理等服务。同理，滴滴出行掌握着大量的乘客信息、车主信息、车辆信息和出行需求信息，完全可以和汽车厂商、教学机构及第三方服务公司开展相关的商业合作。

不过，需要特别注意的是，滴滴出行如果利用这些大数据开发商业模式，一定要注意保障数据安全，以防成为黑客攻击的对象，造成客户流失。

用百度的技术，服务产品，服务商业

北航校园里，绿树摇曳，杨柳依依。绿园里的荷叶，翠绿剔透。静园里的柠檬树，笔挺正直。晨读园里松柏苍劲，偶尔间传来学子们的琅琅书声。在这个美丽的季节里，北航迎来了繁忙的校招活动。

1秒钟内完成订单计算

2015年9月，滴滴出行CTO张博带着招聘团队，来到北航搞了一个“滴滴出行北航校招专场”，希望能招聘到大批有潜力的可塑型人才。

张博原是百度公司的研发经理、技术骨干，曾负责百度移动APP产品研发管理工作。随着滴滴出行的快速发展，需要大批的技术人才，张博就到老东家百度公司去挖人，后来听说自己上了“百度的黑名单”，再去百度招人就难了。为了招聘到人才，张博还尝试通过滴滴顺风车拼车，希望能在上下班的时候遇到自己需要的人才。张博说：“我会经常使用滴滴顺风车拼车，如果发现拼到的人正好是滴滴需要的人，我会给他一张我的名片，请求他给我发一份他的简历。我们太渴望找到能够愿意与我们一起挑战世界技术难题的人了。”

后来，张博发现这两种招人的“非常手段”渐渐不适合新形势的发展需要了。因为滴滴出行发展十分迅猛，招人数量越来越多，靠去大公司挖人和打车偶遇这样的招人方式，很难在短时间内完成任务。

为此，滴滴出行启动了社会招聘和校园招聘。社会招聘主要为了招聘一些有经验的社会人才加入滴滴出行，一般来说公司对这些人才要求比较高。而校园招聘主要招聘一些大学毕业生，通过专业化的培训和长期指导，渐渐将他们带入互联网打车这个行业。

科学技术是第一生产力，掌握技术的人才则成为各大企业竞相争夺的发展资源。在“滴滴出行北航校招专场”上，张博对学子们说：“3年前，滴滴最初的启动资金只有80万元，我们用这些钱做出了最初的产品，用半年时间打败了摇摇招车，一年内覆盖150个城市，与快的打了上千场大大小小的战役，最终与快的合并，成为现在估值超过165亿美元的出行公司，我们能赢得这样的局面，核心因素便在于人才。”

在百度的工作经验告诉张博，百度搜索通过超链分析技术、图像搜索技术和语音搜索技术，让用户实现“秒搜秒得”搜索体验，即在1秒钟之内，搜索引擎要搜出相关结果并按照相关度进行智能排序。现在，滴滴出行已经成立了机器学习研究院，专门研究智能交通算法，其最高要求就是要在1秒种内完成订单价值计算和精准推送。

张博说：“目前滴滴在高峰期，可以1分钟匹配200万次的需求，在中国以外的任何国家都不会见到如此大的数据处理需求，此外滴滴每天会上传50亿次连续定位数据，计算超过10亿次的海量数据。简单来说，就是滴滴出行3分钟的实时数据，便可以把整个北京市的地图描绘出来。如果不能在1秒钟将一个订单对司机的价值或者说是吸引力进行计算，并且推送给最可能接受这个订单的司机，那么就会严重影响用户体验。”

现在的滴滴出行平台已经发展成为以大数据作为驱动的智能调度平台，具有超级算法、精准匹配、机器学习等特点，而以前搭建的滴滴打车平台，却是漏洞百出，用户体验较差。程维也坦承："产品刚开始要被骂一骂，才能跑起来。"

当年，程维对滴滴出行打车软件可以说是信心满满。有一天，他兴高采烈地拿着研发出来的软件，去给一家大型团购网站的产品经理看。那个产品经理看了一下软件之后，就直言不讳地说："垃圾！"

万丈激情被泼了冷水，程维受到了不小打击，但又希望对方能给个修改意见，就说："你能不能给创业者一点鼓励。"

那个产品经理这才说出真正的原因："你看看现在的互联网产品，哪里还有需要注册的。"

自从QQ、微博、微信等社交账号横行天下之后，很多移动互联网产品不再需要注册了，用户登录APP时，只要进行一键绑定原有的社交账号即可。可以说，一个账号足以打天下。如果用户每登录一个网站、一个APP，都要重新填写姓名、昵称、性别、年龄、所在地等相关信息，无疑在浪费时间，给用户带来很差的使用体验。

后来，程维根据这个产品经理的建议，对滴滴出行平台做了相应的调整，直接取消注册功能页面，让用户一打开滴滴出行，就能输入目的地，直接点击叫车。整个过程如行云流水，一气呵成。

不久，程维又招来技术精英张博，对产品进行了大修补和全新重构，才将产品做到了70分以上。几个月之后，那个产品经理再回头看滴滴出行产品时，不禁惊呼："程维很实干，我没想到他能做这么大。"

一直以来，滴滴出行都在为赢得用户而战，一边对产品进行更新换代，提高用户体验，一边想方设法培养实战型人才。张博说："3年来，我们基本天天都在'打仗'。每天一睁眼就要想生和死的问题。谁能最先稳定，能将用户留住，谁就是胜利者。我们用技术和时间赛跑。而生死时速之后，我们开心地发现沉淀了非常多的宝贵经验，培

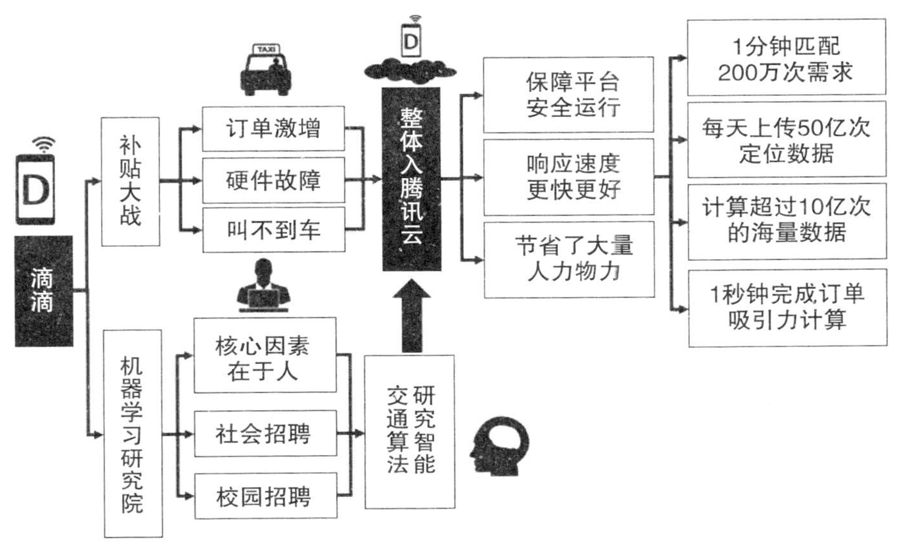

滴滴出行“整体入云”

养了大批优秀的实战人才。”

滴滴出行“整体入云”

如果技术跟不上公司发展的步伐，该怎么办？百度出身的张博自然想到云计算，因为百度开放云就是一个可靠的智能云计算服务平台，很多APP都可以在“云”里面开发。不过，张博因为挖了许多百度公司的人才，再去找人家谈合作会略显尴尬。

在2014年年初滴滴出行进行补贴大战时，滴滴出行平台的订单量一周之内就涨了50倍。而当时，滴滴出行的预估是订单量可能增加10%。结果，订单增长量大大超过预估，滴滴出行平台集中暴露了很多问题：一方面，平台上的网络、存储等故障不断；另一方面，网页服务器和数据库管理系统也频频出问题。要么是乘客叫不到车，要么是司机抢不到单。

显然，靠传统采购机器的方法来实现扩张，是无法满足业务发展需求的。通过分析比较，滴滴出行最终决定将滴滴出行平台整体搬到腾讯云中。在整体搬迁过程中，滴滴出行的代码需要做大量的重构，来解决滴滴出行平台与腾讯云的对接问题。

当时滴滴出行已经接受了腾讯的投资，所以在技术层面上滴滴出行平台与腾讯云自然比较亲近。而且，腾讯云也已经历了QQ和微信海量用户高并发的考验，在春节收发红包中，腾讯云的稳定性和运营经验也得到了全面的验证。所以，滴滴出行平台决定“整体入云”。

自从互联网发展到云计算以来，各种云平台横空出世。这种平台允许开发者们或是将写好的程序放在“云”里运行，或是使用“云”里提供的服务。腾讯云是腾讯公司倾力打造的面向广大企业和个人的公有云平台，该平台提供了云服务器、云数据库、内容分发网络（Content Delivery Network，CDN）和域名注册等基础云计算服务，并提供游戏、视频、移动应用等行业解决方案。腾讯云的最大优势，就是基于QQ、微信、QQ空间、腾讯游戏等海量业务的技术架构和精细化互联网运营经验。

事实证明，滴滴出行平台“整体入云”为滴滴出行的快速发展奠定了良好的技术基础。

第一，滴滴出行平台安全得到有效保障。在滴滴出行平台的发展过程中，曾经遭受了多次黑客攻击，腾讯云的安全体系始终为滴滴出行平台保驾护航。

第二，滴滴出行平台通过腾讯云的CDN网络服务，使得平台响应速度变得更快更好。

CDN，其基本思路是尽可能避开互联网上有可能影响数据传输速度和稳定性的瓶颈和环节，使内容传输变得更快、更稳定。简单来说，就是把原服务器上的数据复制到其他服务器上，用户访问时，哪台服务器近就去哪台访问数据。像新浪、网易等大型网站，均使用CDN加速技术，无论人们何时何地访问都会感觉速度很快。像一般的网站，如果服务器在网通，那么电信的用户访问会很慢；如果服务器在电信，则网通用户访问也会变得很慢。

滴滴出行作为一个创业不久的公司，如果自己发展CDN服务，就需要在全国范围内建立服务器基站，这就需要投入三大的人力物力，也影响滴滴出行的快速发展。现在滴滴出行平台整体接入腾讯云平台，享受CDN服务，让全国用户无论在哪里叫车，平台的响应都特别快，其出行体验也变得更好。

第三，在整体接入腾讯云之后，滴滴出行的基础平台构建能节省大量资源，不用采购更多的硬件，不用对这些硬件进行长期的运营维护，也不再需要对平台的基础设施费心劳神，因而可以腾出更多时间和精力来研究客户需求，以推出更多的业务和功能。

张博说："CTO要清晰认识到技术为产品服务，产品为商业服务。简单来说就是：从技术骨干到产品骨干，要懂互联网产品，明白用户需求，知道如何做出一款满足用户需求的产品，要知道这些用户过来了以后，商业模式是什么，企业如何创造利润。而从技术骨干到CTO，难度更大。技术专家往往在某一领域精深，但要变成全能选手，就需要对每个领域都有所了解，找到这个领域真正的顶尖人才，然后组织起团队，驾驭团队实现目标。"

拿腾讯的钱，在企业格局上谋求平等

湛蓝苍穹之下，宽大笔直的深南大道穿越高楼大厦，横跨深圳市罗湖区、福田区和南山区。在清一色的沥青路面上，各种各样的机动车风驰电掣地来回穿梭，热闹非凡。在深南大道北侧南山区高新科技园里，有一座绿色玻璃幕墙建筑拔地而起，下面是长方体，越往上越窄，最后变成椭圆尖顶，从侧面望去就好像一只憨态可掬的巨型企鹅。那就是深圳腾讯大厦，楼体总高193米，地上39层，地下3层。让很多人没有想到的是，腾讯这只"巨型企鹅"也喜欢上了手机叫车。

拿腾讯的钱，谋求独立发展

2013年的一天，在腾讯副总裁、腾讯产业共赢基金董事总经理彭志坚的努力撮合之下，滴滴出行创始人兼CEO程维和联合创始人王刚，终于获得了与腾讯创始人马化腾面谈的机会。当时，程维创业不到一年，为什么能与"BAT"三巨头之一的风云人物马化腾有会面的机会呢？一切要从头说起。

不知从什么时候开始，中国互联网领域基本形成了"BAT"三大巨头鼎立的局面，很多创业公司只能玩细分。不少创业公司做梦都想获得"BAT"三巨头的投资，以获得"BAT"阵营的支持。一开始，程维之所以害怕腾讯那些投资人，是因为他担心滴滴出行与腾讯这种一弱一强的企业合作，可能会出现各种各样的不平等现象。

在北京，程维带着精英地推团队打败摇摇招车之后，便开始进行B轮融资。当时，滴滴出行这种用手机叫车的新应用，受到了很多风险投资机构的追捧，当然也包括腾讯。程维他们不想在B轮的时候就选择站队，也就是在“BAT”三大巨头阵营中必须选定一个，所以他们一开始没有想过要拿腾讯的钱。

在与马化腾面谈之前，程维最先接触的是腾讯产业共赢基金负责投资并购的人员。

当时，腾讯负责投资并购的代表团，径直杀到北京。腾讯代表团第一次找到程维时，程维只想先躲一躲、避一避。当时，程维等人和腾讯代表团聊了半个小时左右，双方基本都表明了态度。

“投多少钱都没有问题，只是我们想占有更多的股份！”腾讯代表团直截了当地说。

“对不起，我们有事可能要走了。”程维想借故离开。

结果，程维被投资人拉住，又谈了一两个小时。最后，程维表示：“拿腾讯的钱可以，但是我们需要独立发展和对公司的控制权。”

在互联网创业方面似乎存在这样的情况：如果创业者在某方面做出一定的成绩，引起“BAT”三巨头的注意了，一开始“BAT”可能依据自己的优势抄袭创业公司的做法，开辟同质化业务。如果“BAT”三巨头发现玩不转，就转而以收购或入股创业公司的方式来介入新业务领域。这时，创业者需要做出决定，要么选择一个阵营加入，要么等待着更大的生存风险。选择加入“BAT”三巨头当中的某个阵营对创业者是个好归宿，因为大部分创业公司注定无法独立上市，被巨头收购也是一种不错的退出方式。

当然，创业公司被“BAT”三巨头收购，如果文化整合、业务整合不好，一旦失去独立发展能力和企业控制权，其前景也不明朗。如在团购领域，百度全资收购的糯米网还在痛苦整合中；腾讯投资的团购网站高朋网，已渐渐被边缘化；阿里巴巴花81亿元投资饿了么并成为其第一大股东，但在短时间内还是很难撼动美团、大众点评等老牌团购网站的市场地位。

程维很担心滴滴出行被巨头收购后，可能出现盛极而衰的局面。大量的事实证明，很多创业公司在被巨头收购后往往战斗力下滑，因为决策链条变长，快速反应能力受到很大的限制。这与滴滴出行这种快速扩张、锐意进取的风格可能不相吻合。此外，有了大批的风险投资之后，整个创业团队可能更容易失去原有的梦想和骨气。

程维说：“我觉得做企业其实是需要有自己的梦想和自己的骨气的，一个企业如果失去了独立意志，就像一个人失去灵魂一样，基本上不可能有太多的空间，虽然微信帮了我们很多，这一点我们承认，很多用户低成本下载我们的软件就可以打车，我们是很感谢的，但实际上这个合作是平等的。”

腾讯输入三重功力

腾讯代表团回去之后，程维和王刚他们又进行了一番讨论。

“如果我们不拿腾讯的钱，自然有人拿。因为快的打车已经拿了阿里巴巴的投资，如果腾讯等不及了，转身去投资摇摇招车，让摇摇招车卷土重来，那么滴滴将会非常被动了。”有人分析了“成也资本，败也资本”的问题。

“我们的优势在线下，如果如日中天的微信的强大入口不为我们所用，那么滴滴就失去了一个最好的战略资源。”有人指出微信总用户数量极为庞大，如果能将滴滴出行打车软件接入微信，将在瞬间获得海量用户，有了用户才有订单，有了订单才有业务，所有的环节才能迅速流转起来。

“我们需要一个强大的伙伴去一起面对政策的不确定性，因为活下去是最重要的。”有人指出在互联网打车领域，监管政策存在不确定的风险，今天可以做的事情，明天不一定能做，哪一天打车软件做不下去了，还有强大的伙伴作为救命的稻草。

通过权衡利弊，大家都同意拿腾讯的钱。程维又通过几次和腾讯的人打交道，发现这些投资人还是比较正直、简单和友好的，并不是传说中的“赤裸裸的逐利者”，所以滴滴出行并不排斥和他们合作。但是，程维这些从阿里巴巴出来创业的人，心里还有一些阴影，因为程维先是挖了百度的人才，现在又要接受腾讯的投资，一下子就把“BAT”三巨头中的两大巨头百度和阿里巴巴都给得罪了。

最后，在去和马化腾面谈之前，程维和王刚又进行了最后的讨论。当时，两人又出现了一定的分歧，王刚倾向于让腾讯跟投，主要给日后引入其他战略投资者留有余地。而程维倾向于腾讯领投，因为“阴影”已经造成，所以百度和阿里巴巴在短期内可能不会再考虑投资滴滴出行了。

程维是创始人和CEO，而王刚是天使投资人，好比一部车内，程维是司机，而王刚是乘客，所以王刚最后选择尊重程维的意见。不久，在腾讯的安排下，程维和王刚见到了马化腾。

万众期待的风云际会终于到来了，程维原以为，这次会谈会很漫长、很痛苦，没想到却很轻松、很简单。

当时，在会谈现场，程维分析了移动出行的各种可能发展情况，还将滴滴出行对腾讯的价值说了一遍，也就是滴滴出行的用户通过微信支付车费，在无形中也支持了微信钱包的发展。最重要的一点，程维也表达了滴滴创业团队十分在乎对公司的控制权，希望能获得独立发展。

结果，让程维没有想到的是，马化腾大气地几乎答应了他们提出的所有条件，包括腾讯不干涉滴滴出行的业务独立发展，也不谋求对滴滴出行的控制权。不过，腾讯还是希望能占有更多的股份。就这样，双方谈定之后，腾讯于2013年4月向滴滴出行注入1500万美元，滴滴出行成功获得B轮融资。

就目前来看，滴滴出行与腾讯的合作还是比较融洽的。看来腾讯这只大企鹅，也喜欢上了用手机叫车这种新鲜的出行方式。为了支持滴滴出行的发展，腾讯向滴滴出行输入了三重功力。

第一重功力，注入发展资本。腾讯向滴滴出行输入1500万美元，让滴滴出行通过补贴大战，在全国范围内实现跑马圈地，开展更多业务，最终秒杀对手，雄霸中国互联网打车市场。

第二重功力，开放流量入口。在合作中，腾讯为滴滴出行开放了微信和手机版QQ两大移动端流量入口，让滴滴出行获得庞大的用户资源，并在微信钱包中以第三方服务的方式对接了滴滴出行，为微信用户打车提供方便。要知道，腾讯微信的活跃用户数已达6亿，而QQ账户已超过8亿，它们都是腾讯最重要的社交网络资源，在中国没有哪一个打车软件能有拥有如此庞大的用户基础。

第三重功力，技术平台支持。现在，腾讯大数据、腾讯云、腾讯地图等众多技术平台，已成功对接滴滴出行平台，让滴滴出行顺利开

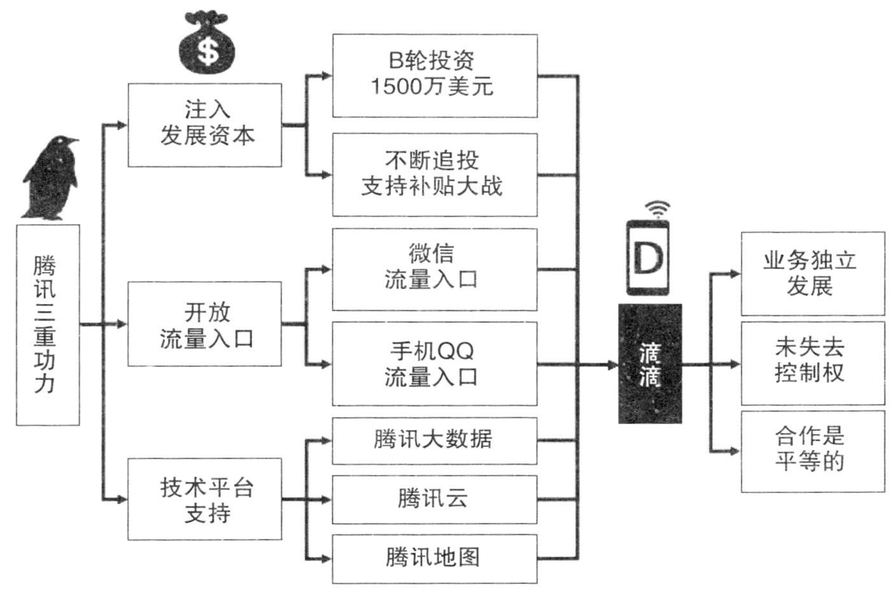

腾讯向滴滴输入三重功力

展大规模数据搜集、数据分析、精准推送和精准营销等活动。

既给钱又开放流量入口，还给技术平台支持，看来腾讯对滴滴出行的帮助，简直是不遗余力。但是，话又说回来，投资都讲求回报，如果滴滴出行老是不赚钱，那么腾讯还会继续输入这么多功力吗？如果滴滴出行整合不了这么多资源，在新一轮收购来临之时，他们还能坚持独立发展吗？这些都是摆在程维创业团队面前的新挑战。

资源永远不是最绝对性的因素

风和日丽，在美国一条州际高速公路上，热气蒸腾，远景朦胧。有一辆轿车正在进行极速漂移，上演速度与激情。突然，前方有一条狗正慢悠悠地横过马路，眼看车就要撞上狗了。这时，车辆启动了自动紧急刹车功能，嗽一声在瞬间刹停。

等到那只狗摇着尾巴，走过公路之后，那辆车才重新发动起来，由此避免了一起事故的发生。高速行驶的汽车已经配备了自动紧急刹车功能，以备不时之需，那么依靠资本驱动的滴滴出行，什么时候才能修炼出自动紧急刹车功能呢？

新的对手，已经抱成团

滴滴出行一路高歌猛进，接连打败了摇摇招车和大黄蜂。没想到，新的对手又诞生了。2015年10月，神州专车与e代驾宣布展开全面战略合作，双方将在产品、司机和资本等层面展开合作，共同为双方用户提供专车和代驾服务。

神州专车利用移动互联网及大数据技术为客户提供“随时随地，专人专车”的全新专车体验。而e代驾则服务于白领、金领等有一定经济实力偏重社交的用户群体，在他们应酬后方便随时随地叫来代驾。

在业务层面上，神州专车与滴滴专车形成同质化竞争，而e代驾与滴滴代驾也形成了竞争关系。

2015年7月和9月，神州专车完成了A、B两轮共8亿美元融资，创造了国内互联网公司前两轮融资额的最高纪录，基本上也不差钱，而且专车网络覆盖全国60个大城市。2014年10月，58同城宣布以2000万美元投资e代驾，并在全国102个城市开展业务。两者的战略合作，既可以共享品牌，也可以迅速扩大服务网络，对滴滴出行造成巨大的威胁。

相比之下，神州专车获得的投资款要比滴滴出行多，不过在全国网络方面要比滴滴出行差。2014年12月，滴滴出行获得超过7亿美元D轮融资，由淡马锡、DST（俄罗斯神秘投资巨头）、腾讯主导投资，目前滴滴出行的全国网络已经覆盖了360多个城市，覆盖率是神州专车的6倍。

如果比钱多，神州专车的钱更多，如果比覆盖城市，滴滴出行更多，两者将在专车领域展开新一轮的厮杀。鹿死谁手，不得而知。自从2015年1月创立以来，神州专车的野心可不小，他们已经掀起了一场又一场专车大战，形成了“拳打滴滴，脚踢Uber”的阵势，誓要发展成为中国专车市场的领头羊。

2015年3月，程维故伎重演，拿出10亿元人民币补贴专车，试图压制对手。结果，神州专车闻风而动，在2015年6月发起了“Beat U”（反对黑专车）的营销战役，直指假想敌美国Uber，各种明星也助阵擂鼓呐喊。经过这场营销大战，神州专车知名度得到快速提升，成功入围专车三甲。从此，在互联网专车领域，Uber专车、滴滴专车和神州专车陷入胶着的“三国杀”。

当年程维靠跑得快，靠资本，在出租车领域打败了摇摇招车和大黄蜂，现在专车业务有神州专车挡道，代驾业务又有e代驾掣肘，大家都不缺钱。滴滴出行该如何取胜？

程维认为，还是要回到滴滴出行最初的创业梦想、使命感上，让出行变得更加美好，而不要被强大的资本和各种战略合作资源蒙蔽了双眼。程维说："最重要的事情是解决用户问题，让你跑得最快，资源只是解决问题的一个工具而已，你还有很多创造思维、整合能力、嫁接能力，其实在之前竞争最激烈、最困难的时候，我们激励我们团队要有信心，很多这样的企业会走得很远。开始有一些资源的时候我们要警惕，往往这个时候是你慢下来，开始迷失原来梦想的时候，到底往哪里走？所以，我们拿到钱反而更紧张，我们怕不能驾驭这么多财富。"

说白了，在激烈的竞争面前，滴滴出行只有靠"让出行变得更加美好"这个使命感，才能走得更远。靠资本，靠烧钱，靠补贴，好像任何一个打车软件都可以做。

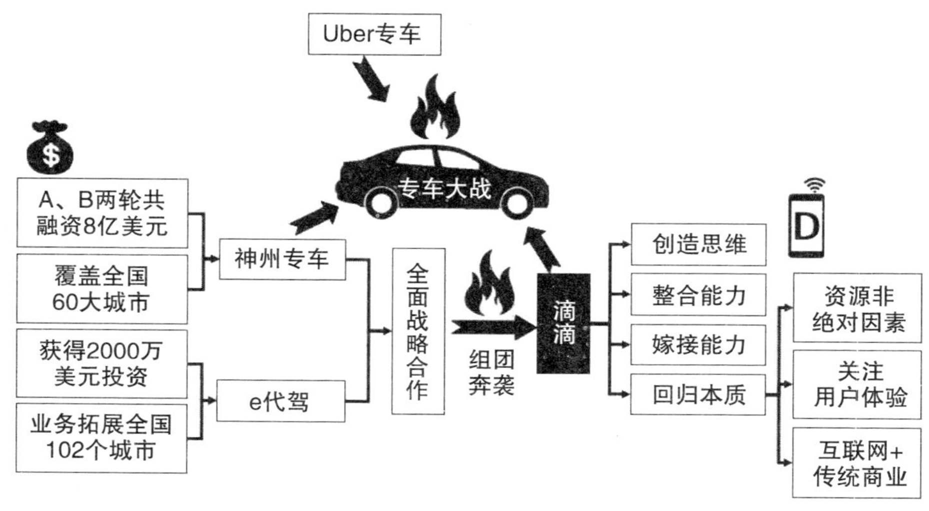

竞争对手无处不在

回归本质，赢得竞争

很多创业公司很容易陷入“不断烧钱，不断招人，再不断烧钱”的怪圈，这种怪圈以资本为驱动，一旦没有风险投资就会很快走向覆灭。滴滴出行经过几年的发展，已经从十几人的团队发展成为几千人的团队。对此，程维也开始担心起来，生怕员工越来越多，内功修炼却达不到理想的境界。

在2016年1月滴滴年会上，程维说：“无数人问我对于滴滴最大的担心是什么。我说只有一件事情，就是公司人越来越多，很多的人我不认识了，在两年前公司的年会只有200人，我们找一个餐厅就可以开，200人是最舒服的，因为每一个人我都认识。随着公司快速发展，我们的人越来越多，我特别担心是不是跟大家讲清楚了，来滴滴会面临一个什么样的挑战，会面对什么，收获什么。我特别担心有没有人帮助大家融合落地，来到这样一家比较特别的公司。我希望 2016年公司人员不要超过 6000 人。”

虽然滴滴出行并没有停止招聘，但是已经控制了招聘规模，滴滴出行不希望成为烧钱无数、臃肿低效的公司。程维说：“我们一起想办法不再靠增加人数去增长业绩，而是靠帮助每个人成长，提高我们的工作效率，获得未来继续的增长，把我们的有限资源投入到已有的几千个同学身上，让大家不断地在工作中获得突破，获得成长。所以，2016年我们依然会严格控制人员的快速扩张，而把所有的注意力放在管理者的培养上，放在整个内部机制的建设上。”

一边是竞争对手组团来袭，一边是员工激增却还没有赚钱，滴滴出行需要做的就是回归本质，修炼内功，不断增强自行造血功能，以摆脱资本驱动的发展怪圈。程维说：“我觉得互联网本质上是万物互联，像微信‘人和人’、滴滴‘人和车’，可以更好地匹配资源，更好地计算。关注用户体验，强调资源共享，这就是互联网。很多企业把互联网过于神化了，其实互联网需要回归本质，像今天的水电煤一样，跟传统企业结合，最终没有什么互联网企业，都是互联网和传统商业结合的企业，滴滴也在这个路上。”

滴滴出行试图回归互联网的本质，发展成为“移动互联网＋传统出行”的混合型企业，在技术上、体验上和服务上领先竞争对手。融资额度、城市覆盖率和员工数量都很容易被超越，但是“技术＋体验＋服务”却很难被超越，所以“技术＋体验＋服务”才是滴滴出行的自动紧急刹车功能。滴滴出行只有把这几个方面做好了，才能狂飙突进，又能紧急避险。

程维说：“我们真正要沉下心来去思考如何壮大自己，如何在技术上赢得领先。如何在体验和服务上赢得领先，如何在创意的市场营销上赢得领先，如何在我们的效率和成本上赢得领先。如何能够在团队上碾轧对手。这一年，因为更多职业的竞争，我看到了公司快速的学习和成长。促使滴滴快速发展的最重要的关键点，就是无比残酷的竞争。我相信，仗是永远打不完的，未来还会有不同的对手，最重要的事情是我们要永远能够找到竞争之中强大自己及赢得竞争的方法和乐趣。”

短短几年时间，程维通过不断地补短版，用阿里的人做营销，用百度的人做产品，用腾讯的钱来发展，不断整合资源，扩展业务，让滴滴出行发展一日千里。同时，程维这位“80后”创业者也获得了迅速成长，他从阿里巴巴的区域销售经理变成了滴滴出行的CEO，自己也补了很多短版，既完善了知识结构，也增强了管理能力。他既能驱动庞大的滴滴团队完成各项业务指标，也能协调各大股东关系，同时也能及时应对市场上的各种变化。对此，程维常自我调侃说：“我是被催熟的，样子有点胖，可能是水肿。”

第5章

带团队：

相信梦想，相信事在人为

我们永远要记得我们是从一个单纯的小小的出行梦想出发的一个创业团队，滴滴有今天最根本的是我们是一个相信梦想、相信事在人为的团队，这个精神希望大家能永远保持，把不可能变成可能。

——程维

张博：犹如上天的礼物

夜幕降临，北京的街头被无数路灯点亮，成千上万的汽车闪烁着车灯呼啸穿梭，有的在雾霾中探寻着回家的路，有的直奔那些霓虹流艳的夜场。在一个十字路口，很多车亮起了红色的尾灯，远远望去整个路面都红透了，宛若涌动的烈焰熔岩。有一部轿车还飘出了《十年》的歌声："十年之前，我不认识你，你不属于我，我们还是一样，陪在一个陌生人左右……"

创业公司招人难

这时，有一个发福的小伙子面容憔悴，失魂落魄地在北京街头走着，他就是刚从阿里巴巴辞职出来创业不久的程维。他原本是一个销售男，在开始做滴滴出行打车软件之后，他才发现，没有技术男是不行的。面对紧张的用人需求，程维开始走上漫长而痛苦的"招贤纳士"之路，他希望有一天能遇到自己想要的技术型人才。

为了招到合适的技术人员，程维先让阿里巴巴支付宝的同事帮忙罗列了一些在北京工作的技术人员的名单。然后，程维就一个个去找他们谈心，无论是在上下班的间隙，还是在周末的晚上，只要能约到，程维都会亲自约他们出来吃饭或喝咖啡。程维跟这些技术人员谈

“移动互联网让出行更美好”的梦想，还谈滴滴出行用手机叫车软件的伟大愿景。

“我们要改变传统的叫车方式，要做一个打车软件，让全国人民用手机叫车。”程维说得两眼放光。

“你们打得过‘BAT’吗？如果‘BAT’只抄你不投你该怎么办？”在饭桌上一些技术人员抛出了犀利的问题。

经过与程维的一番交流，这些技术人员瞻前顾后，很难下定决心。因为他们要么正供楼，要么正供车，要么正谈恋爱，大多谋求稳定的工作、平静的生活，都不想冒这样大的风险。这些技术人员考虑到，自己在“BAT”三巨头之一的阿里巴巴里工作，待遇福利已经不错了，没有必要再去滴滴出行这样的创业公司发展，拿着短暂的青春去赌明天，如果成功了还好说，如果失败了就会变得一无所有。

每次会谈，程维都说得激情万丈，而这些技术人员却无动于衷，最后，程维也渐渐感到前途渺茫。不过，程维相信只要今天努力到底，明天就会有希望，他说：“我现在就相信，等到你努力到无能为力的时候，上天就会帮你。”

发现说不动养尊处优的技术人员，程维又发动自己的亲戚朋友帮忙物色人才。正好，程维有一个堂哥在江西老家开网吧，跟IT算是沾点边。

程维好像看到救星一样，给堂哥打电话，问他：“你有没有在北京工作的同学？有的话，可以介绍到我们滴滴出行公司来，我们这里虽然条件差一些，但有很大的发展空间。”

“我在北京没有同学，帮不了你。”堂哥也感到很无奈。

不久，程维又想去大型互联网公司挖人。于是，他经常留意百度、腾讯、搜狐、网易、新浪、京东等互联网公司的新闻。一旦听说这些公司有业务变动，程维就积极行动起来，不断找人牵线搭桥，想要招一些技术骨干回来。当时，程维盘算着，如果大型互联网公司业务有变动的话，可能有一些技术人员会跳槽，所以他想去碰碰运气。当时，程维去腾讯、百度等大公司约一些技术人员一起吃饭，一起喝咖啡，一起谈梦想，但还是没有人愿意加入滴滴出行。

创业公司招人确实很难，因为很多有经验的技术类人才，甚至刚毕业的大学生都一门心思往大型国企和事业单位里面挤。求职者对于这些朝不保夕的小型创业公司，往往看不见，也看不上。

猎头物色的技术骨干

有一天，程维无聊之极，偶然加了一个IT技术人员的微信群，在里面说了几句话。

“我们想招一个CTO，待遇好商量。”程维随意地说。

“我是猎头，请问你想找什么样的人？”有一个自称是猎头的人，突然来了兴趣，便开始私聊起来。原来，这个猎头专门潜伏在IT技术人员的微信群里，平时他总是寡言少语，一旦发现有企业发布招人需求了，他就马上行动起来，主动帮助企业物色优秀人才，事成之后收取适当的中介服务费。

“负责开发手机APP叫车软件，要技术骨干，不要没有经验的。”

当时，程维创办的滴滴出行公司刚刚获得A轮融资，手头上还是有点钱的。因为2012年12月金沙江创投已经向滴滴出行注入了300万美元的A轮风险投资。

程维在微信群里和这个猎头认识之后，没有聊多久，这个猎头就潜水了，没有消息了。程维的希望再次破灭。看来，通过猎头去物色优秀的人才也不靠谱，还得靠熟人介绍才行。

一个月之后，那个猎头再次在微信群里活跃起来，并给程维发来一个消息："我手里已经有一个人才了！"

程维激动不已，赶紧约见这个神秘的人才。程维到现场一看，发现这个人阳光年轻，仪表堂堂，气质不凡。两人一入席就相谈甚欢，有种相见恨晚的感觉。程维也坦陈："我现在相信，有些人真的就是跟你有缘。我很少对一个男人有这种感觉，就是一眼就知道，他就是你要找的那个人。"

张博，中国科学院软件研究所人机交互实验室硕士研究生毕业，可以说是行业内资深技术专家与管理者，他曾负责百度移动互联网产品研发管理工作，主持承担了多项重大课题，领导开发了近10个用户突破1亿级别的应用软件。这些工作背景，正好可以重构滴滴出行打车软件，好比主任医师动手术，让这个软件真正实现脱胎换骨。

当时，两人谈了"互联网让出行更美好"的梦想，也谈了滴滴出行叫车软件的现状，还谈到以后用户量激增、业务扩展的发展前景。张博时而点头称是，时而据理分析，从技术层面给出建议。从程维的话语中，张博认为做滴滴出行打车软件这个项目还是比较靠谱的。在百度的工作经验告诉张博，项目是否靠谱的判断基于四点：第一，拥有大规模潜在用户群；第二，使用频次足够高；第三，用户需求是刚需；第四，有口碑传播的场景。如果一个项目满足两到三个条件，成功的可能性就大，而滴滴出行打车软件是四个条件都满足了。

程维在跟张博谈完之后，特别兴奋。他一出门口，就给滴滴出行的天使投资人王刚打了电话说："这个人才就是上天给滴滴出行的礼物。"

经过一番交流，张博发现程维是个有激情、有梦想的人，程维可以从阿里巴巴出来创业，自己为什么不能冒一次险，果断从百度出来加盟滴滴出行这个新兴的创业公司呢？程维和张博都是一类人，他们放弃很多东西从大公司出来，就是想做成一件事：用互联网改变传统的出行方式。张博说："我们在很多事情的判断上不谋而合，感觉遇到了知音，他的背景和我的背景正好互补，在那个时间点，我能碰到程维，也许是老天的安排。"

在没有技术合伙人之前，程维找了一家外包公司做了滴滴出行最初的叫车软件，因为漏洞多、太复杂而被人们视为垃圾产品。程维在产品开发上面走了弯路，所以他对于选择技术合伙人十分慎重。因为程维是销售出身，并不太懂技术，所以他要拉一个有真材实料的技术骨干一起创业，这个技术合伙人既要认同滴滴出行的使命，还要有超强的研发和管理能力。

当时，经过一番交流，程维发现张博跟自己很像，简单、正直、愿意付出代价，而且很好沟通，虽然经验可能不算特别资深，但和滴滴出行这家创业型公司很匹配。所以，程维不惜一切代价要把张博招至麾下，给予相关的期权和决策权。

就这样，在2012年年底，程维请来了百度原来的研发经理张博出任滴滴出行的CTO，彻底补齐了滴滴出行公司在技术方面的短板。到今天为止，程维还是很感激这名合伙人，如果没有张博的加盟，程维就没有多少信心把滴滴出行叫车软件做大做强。可以说，张博对于滴滴出行不仅有技术价值，更有坚定信心的价值。

张博加盟滴滴出行之后，组建了技术团队，重构和简化了滴滴出行叫车软件，并依据业务需求，不断完善产品设计，开发出了出租车、顺风车、专车、快车、代驾、企业版等众多业务功能。

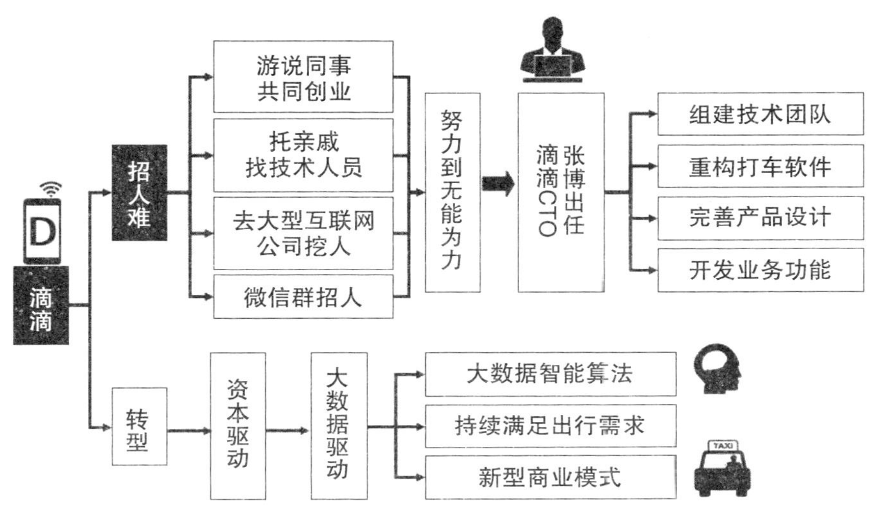

创业公司遭遇招人难

从资本驱动到大数据驱动

张博是个敬业精进、实事求是的人，他经常会以普通乘客的身份花上几百元钱不停地用滴滴出行打车。在整个行程中，他会坐在副驾驶座上，观察滴滴出行订单发布、抢单、导航的全过程。因为他知道，坐在办公室里看不出导航是否能够导出最优路线。张博一边使用自己研发出来的滴滴出行软件叫车，一边跟司机们聊天，想探知他们内心深处的真实需求。

经过跟踪调查，张博发现有些年轻的司机喜欢订单界面上有更丰富的信息，而年纪偏大的司机则喜欢把界面的字调得特别大，这样司机端的抢单按钮就会显得特别大，好让他看得清楚，操作更方便、更准确。张博说："如果聊天的样本足够多，你就能够知道你的决策有多少人喜欢，年轻的司机可能更活跃，更乐于反馈意见。但是，如果我们按照年轻司机的意见修改产品，有可能伤害到年龄大的司机，因为他们大多时候是沉默的，他们要发声的话就可能是骂产品的时候。如果你只是被动地接受外界的信息来做产品决策的话是不系统的，必须主动地、系统地去调研。”

在调研中，有司机提出抢单之后，为了防止抢错单，能否增加一个确认键，多点一次确认键才算是真正的抢单。当时，滴滴出行就按照司机的建议做了，结果反对的声音更大，因为二次确认键操作麻烦（司机要看两次手机、点两次才能抢单），这给司机带来很大的安全隐患。通过总结，滴滴出行技术人员意识到他们犯了一个错误，司机真正的需求是想解决误抢单的问题，而不是要增加一个确认键，因为有时候司机为了抢单还没有看清订单信息手就点过去了。后来，滴滴出行做了小小的创新，引入了汽车模式，让司机边开车边听单，听清楚了再点，一次抢单就够了，这样既不会增加操作步骤，也不会误抢单。

有一次，张博发现司机抢单有延迟的现象，因为抢单界面会变灰零点几秒，再弹跳到抢单成功界面。别人看不出什么问题，可是张博却认为这是一个影响产品体验的大问题。晚上，张博回到公司召集技术人员讨论为什么界面会变灰零点几秒，经过大家集体排查和诊治，发现原来是代码设计的逻辑不够合理，导致体验不够流畅。后来，张博指导技术人员重新编码，将产品更新换代，清除了司机抢单延迟的问题，司机一点击抢单，瞬间弹出抢单成功界面，不再有界面变灰的这种让人摸不清头脑的过渡环节。

在聊天中，张博还发现很多司机最痛苦的就是晚上收车回家的那一趟车，因为基本是开着空车回家。据此，张博调整了滴滴顺风车的发单逻辑，让系统能自动根据出租车司机收车的时间、地理位置和回家的路线，推荐与司机回家方向相同或相近的顺风车叫车订单，尽量减少司机的空驶率。

还有，在调研中张博还发现很多司机有挑活的现象，部分司机只挑长途钱多的订单，而对于短途的订单“视而不见，听而不闻”。为了解决这种问题，滴滴出行研发出了司机端的防挑活产品——滴米。

张博解释道：“滴米系统是滴滴公司依靠对大数据的掌握首创的针对出租车的调度方式。具体而言，‘滴米’在司机端的体现是一种虚拟积分。对于司机来说，抢到行驶里程多、道路状况好的好单会被扣除滴米；而抢到行驶里程较少、道路状况拥堵的坏单，司机则会被奖励‘滴米’。‘滴米’可以用来奖励司机获得好单的机会，如果乘客发出叫车需求，而此时有两辆车与乘客的距离是一样的，那么谁的‘滴米’多，谁就获得这个订单。”

自从有了“滴米系统”这个积分榜之后，司机以“滴米”论英雄，这样就不会出现几百个司机同时抢一个单的现象，因为系统只会将订单发送给在叫车乘客附近、滴米较多的司机。如果距离一样、滴米一样，那么就要考验司机的智能手机性能和抢单速度了。

目前，滴滴出行正从资本驱动转型为大数据驱动的公司，以前靠着资本招最好的人才做最强的推广，买最好的服务器做完美的产品，现在只能靠大数据智能算法、持续满足用户出行需求、新型商业模式取胜。为此，滴滴出行的技术团队将面临着更大的挑战和机遇。

柳青：“绝配”如何炼成？

2014年6月的一天，在北京上地一家餐馆里，灯火辉煌，人声鼎沸。在一个餐桌上，创业公司滴滴出行高管和投资机构高盛亚洲代表团，正在聚餐。一时间，众人味蕾大开，纷纷举箸向佳肴，情谊尽在交杯把盏间。

不过，有一位女士显得心事重重，那就是高盛亚洲区董事总经理柳青。因为在一周前柳青代表高盛和滴滴出行进行最后的投资谈判，那是她代表高盛第三次尝试入股滴滴出行，结果都交了白卷。这个打击是相当大的，因为柳青这位投行界的拼命三娘从来没有失败过。

投资不成，就去打工

席间，柳青开玩笑地对程维说：“不让我投，我就给你打工吧。”

程维迟疑了一下，然后认真地接过话题：“可以呀，你可以先到我们公司调查一下，再做决定。”

一天上午，在北京市海淀区上地东路的得实大厦里，程维正在自己的办公室里召集各部门负责人开会。到了开会的时间了，同事们悉数到场。大家发现在程维身边多出了一位面庞姣好、黑发如墨的女士。程维开始煞有介事地向同事们介绍柳青：“这位是公司新聘请的顾问！”其实，柳青这次不是来做顾问的，而是对滴滴出行公司进行一次零距离的调查。

接下来，滴滴出行的会议开始了，重点讨论出租车业务在全国的扩展策略。滴滴出行的会议就像作战会议，到处充满了火药味，那些员工张口这个闪电战打法，闭口这个压制性打击。程维先让各个部门汇报最近的业务战果，然后进一步重申了阶段性业务指标和完成的时间节点，要求大家多想办法、多做突破，要跑得更快一些。

一场激情澎湃的会议开下来，滴滴出行的员工们个个都像充满电一样，又马不停蹄地跑回去拼命工作。柳青这才发现自己根本没听懂他们在热议什么，也不理解他们这种“相杀相生”的团队文化。柳青沮丧地对程维说：“我们的话语体系全然不同，情感上自然无法产生连接。”

这正是投资人转型做创业者所带来的“不适应”“不兼容”。柳青是什么人物？她出身名门，父亲是中国IT教父、联想集团创始人柳传志。20世纪80年代，柳传志带领一些IT人士，以20万元人民币起步，开始谱写联想的传奇历程，他们先后开发了一系列性能超群的联想电脑，通过技术创新和低成本优势迅速成为中国IT界霸主，现在联想除了推出个人电脑外，还研发服务器、工作站、平板电脑、智能手机、智能电视等产品系列。柳传志坦陈：“过去联想最大的能耐是，你做我也做，我的成本就是比你低，这是我们的长处。”

正所谓“虎父无犬女”，柳青从小耳濡目染，身受父亲柳传志的影响。1996年，柳青考入北京大学，选择攻读计算机系，毕业后她进入哈佛大学继续攻读这一专业。她原本希望在IT领域一展才华，不过她也想摆脱父辈的阴影。因为“柳传志的女儿”这一标签对柳青来说是无形的压力，她一直想要证明自己的成就与家庭背景无关。

2001年，柳青来到高盛香港学习两个月，结果这次实习让她真正找到了自我，找到了自己的职业方向，那就是加入投行。柳青直言不讳地对家人说："投行可以让你迅速了解商业社会是怎么运作的，你有机会接触大量企业，去琢磨企业家身上的特质，去判断企业业务模式的特点，去研究这些企业为什么会成功、失败。"

最后，柳传志尊重了女儿的选择。2002年毕业后，柳青只身前往高盛面试，那年正值互联网泡沫破灭，风险投资减退，高盛录取新员工的名额从30名缩减到6名。在经历了多轮面试之后，柳青从来自世界各地的才俊中脱颖而出，成为了高盛亚洲区最底层的分析师。

经过在投行界长达12年的摸爬滚打之后，柳青成为百年投行高盛亚洲最年轻的董事总经理，每年她都要带领团队考察成千上万个投资项目，涉及领域十分广泛，包括医疗、健康、消费、金融服务等。当高盛发现滴滴出行把中国互联网打车服务搞得风生水起之时，就有意投资，不过前几轮投资都被金沙江创投、腾讯、中信产业基金等投资机构抢先投资，高盛始终徘徊在外，不能入局。

后来，柳青居然萌生了从高盛跳槽到滴滴出行的想法，这有点像蔡崇信跳槽到阿里巴巴一样。蔡崇信原本在欧洲投资银行瑞典的Invest AB公司上班，后来他们想投资阿里巴巴，结果经过与马云交流之后，蔡崇信就"弃暗投明"加入阿里巴巴就任CFO，据说当时马云只发每人每月几百元工资。

挖人超乎所有人的想象

柳青要从高盛跳槽到滴滴出行，让程维喜出望外，所以程维特别安排她先来公司调查一下，感受一下滴滴出行的文化。没想到，柳青居然感到明显的不适应。在滴滴出行两个小时的会议结束后，柳青告诉程维："不想来了。"

柳青这么说，可急坏程维了。程维知道自己是销售男，已经招来了IT男张博出任CTO，如果再能招来一个具有国际视野的融资女柳青出任COO（首席运营官），那么滴滴出行团队就更加完美了。得知柳青不愿来，程维只能去高盛挖她了。

当程维把"想挖柳青"的决定告诉董事会成员时，滴滴天使投资人王刚和A轮投资人、金沙江创投合伙人朱啸虎都感到很震惊。王刚说："程维是个不给自己设限的CEO，我也一直告诉他，要持续找更牛的人加入滴滴，但敢挖柳青还是超乎我的想象。"

因为柳青这个人物十分特殊，当时，她具有双重身份，她是高盛亚洲区董事总经理，她的职位已经到了投行金字塔塔尖，年薪超过千万元，她愿意来滴滴出行这样的创业公司跟年轻人一起搏命吗？还有，她的父亲是中国IT教父柳传志，柳传志能同意女儿的这个貌似冲动的选择吗？

柳青要加入滴滴出行的决定遭遇了很多阻力：一方面高盛高层轮番上阵，绞尽脑汁，尽量游说和挽留这名年轻女将；另一方面柳青的家人对此也是十分纠结，同意她去吧，又生怕她太苦太累，不同意她去吧，好像又不尊重她的选择。父亲柳传志曾多次对她表示："尽管做投资可以遇到不少企业家，但是投行与创业毕竟不同，经营企业也不是最好玩的。"柳传志现任联想集团有限公司董事局名誉主席、联想集团高级顾问，他做过很长时间的企业家，后来变成了投资家，投资了很多创业公司，他也希望女儿能有个好归宿。不过，柳青已经准备好了迎接全新的世界和挑战。最后，柳传志把决定权抛给了女儿，并告诫她："要多了解程维。"

程维为了让柳青进一步了解滴滴出行这个年轻态战斗型团队，于是邀请她参加滴滴出行的自驾游西藏。来到了西藏这片纯净的圣地，看着蓝天白云、雪山草地、高原圣湖，人们的胸襟一下子就变得更加开阔了，想得也更远了。当时，程维向柳青谈及自己创业的历程，他所做的这一切只为一个梦想——改变中国人的传统出行方式，通过互联网让出行变得更美好。同时，程维也表示理解柳青对高盛老东家的不舍，就像当年程维自己对阿里巴巴的不舍一样。

最后，程维拿出手机放了一首逃跑计划乐队演唱的《夜空中最亮的星》："每当我找不到存在的意义，每当我迷失在黑夜里，夜空中最亮的星，请照亮我前行，我祈祷拥有一颗透明的心灵，和会流泪的眼睛……"

柳青听完之后，大哭一场。最后，她决定从高盛辞职加入滴滴出行，这是她人生中的第一次辞职。柳青连夜给亲友们发了长信，告诉

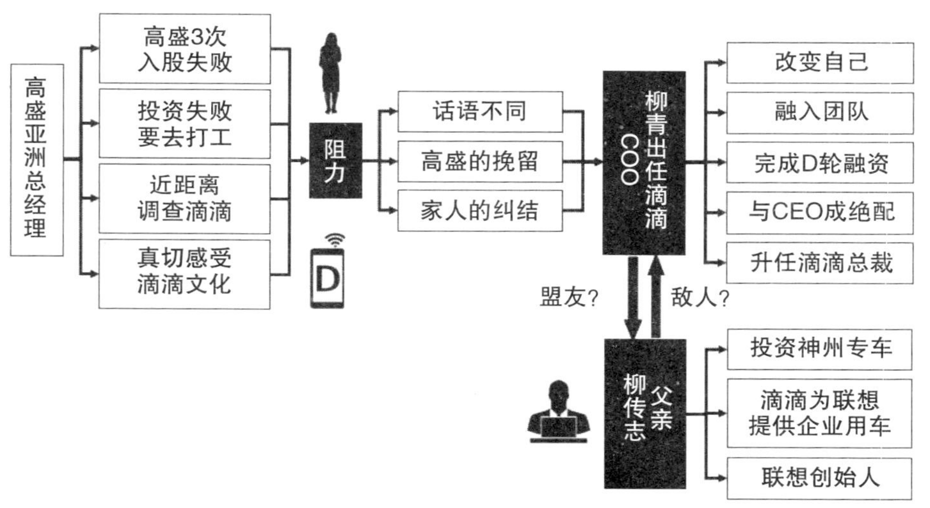

滴滴的"绝配"如何炼成?

他们自己的决定。12年的投行生涯结束了，新的创业生涯开始了。

当柳青再度来到滴滴出行时，程维宣布了柳青的新身份，滴滴出行COO。从此，柳青与程维成为“绝配”，就像马云和蔡崇信（阿里执行副主席）、马化腾和刘炽平（腾讯公司执行董事）是绝配一样。作为滴滴出行这家创业公司的二号人物，柳青迅速改变自己，以便融入新团队。出差时，柳青从头等舱降到了经济舱，住宿从奢华酒店降到便捷连锁酒店，就连奢侈品牌的皮包也被她小心地藏起来了。

像农场主一样料理公司

加入滴滴出行之后，柳青学会了从高高在上的、叱咤风云的资本运作，转到接地气的、精耕细作的琐碎治理。从投行到创业，柳青总结说：“投行像游牧民族，我需要整天出差，骑马找项目，一个结束了继续找下一个。现在更像是农场主，种下一棵树苗，精心培育它长大。”

一开始，程维看到柳青很忙，就跟她交流，向她表明管理工作就是要抓大放小。于是，程维教柳青每天早上先列出一天最重要的3件事情，克服事无巨细、亲力亲为的冲动，以寻找工作的重点所在。此外，每过一段时间，程维就安排高管聚会，讨论公司当下最重要的10件事是什么、每个人如何行动，这也帮助柳青很快把控了公司最重要的业务，也就是融资、推广、业务扩展、发展大数据等这些大事。

几个月之后，柳青找到了经营企业的感觉，各项能力开始爆发出来。2014年12月，柳青独当一面，舌战群雄，帮助滴滴出行完成了D轮7亿美元的融资，这也是中国移动互联网史上最大的融资之一。此前，在2014年 1 月，中信产业基金、腾讯等已经向滴滴出行投入了1亿美元，让滴滴出行完成了C轮融资。柳青加入滴滴出行之后，一下子就将融资额度增加了6倍。

柳青的融资能力让朱啸虎也十分佩服，他说："滴滴以前的融资还需要我帮忙，程维去美国还是我做的翻译，柳青来了之后完全不需要，她很厉害，能把所有对这个行业有兴趣的投资基金全拉过来，3个星期内搞定了7亿美元融资。"

在加入公司6个月后，柳青也由首席运营官升任总裁。2015年2月，在宣布升任柳青为总裁的公开信中，程维对柳青做出的贡献给予了充分肯定："柳青在加入滴滴的半年时间，帮助公司完成了当时非上市公司最大一笔7亿美元融资，并带领专车、PR（公关关系）、GR（政府关系）团队浴血奋战，杀出了一条血路。"

不过，值得注意的是，在柳青加入滴滴出行之后，柳青的父亲柳传志也有所行动。2015年9月，联想集团宣布与滴滴出行达成战略合作协议，滴滴出行会为联想集团提供企业用车服务。柳传志此举，貌似帮了自己女儿一把。这让美国Uber感到忐忑不安，如果滴滴出行和联想系军团结合起来，那么Uber在中国市场几乎没有多少胜算。

看来，柳青要想摆脱父亲柳传志的影响力，还需要不断修炼以增强自身功力。在滴滴出行上班的柳青，未来不仅要对付美国Uber，可能还要想办法对付父亲柳传志这个"亲密敌人"。

众所周知，在2010年联想向神州专车注入了超过12亿元人民币助其快速发展，并将其纳入核心资产运营中的"消费与现代服务"板块。就这样，神州专车名正言顺成为了联想系企业。在2015年10月，神州专车与e代驾宣布展开全面战略合作，与滴滴专车、滴滴代驾已形成竞争态势，他们好像是要用业务组合这种"组装机"来对抗滴滴出行这种“品牌机”。而其背后的操盘手，很多分析指向了联想集团。

据此可见，未来中国打车市场，将会出现更多变数，中国打车软件公司要么合力打击外来的美国Uber，要么各自为政，割据混战。在一番龙争虎斗之后，要么大并购、大融合，要么再细分，再起更多纷争。

快速成长的小桔人

一天上午，阳光明媚，雾气消散，北京海淀区中关村e世界开始热闹起来。搬家公司派来一辆又一辆货车，一群粗壮的搬运工们穿过喧嚣嘈杂的电子产品市场，径直到楼上的仓库区才找到滴滴出行公司的门号。

在滴滴出行公司这边，有一位行动麻利、思维敏捷的女子指挥他们该搬哪个不搬哪个，先搬这个再搬那个。就这样，浩浩荡荡地开始搬办公室了，搬运工们相互配合搬了一个又一个大件，装车运走。其他滴滴出行的员工们则将办公物品装箱打包好，一边配合搬运工搬办公室，一边看护好这些具有历史意义的公司资产。经过这番腾挪，滴滴出行公司从中关村e世界那个憋屈的仓储式办公室，一举搬到了光线明亮的得实大厦。

怀疑是骗子公司

2014年6月，在搬办公室过程中，那位指挥笃定、处事细腻的“女将”，就是张艺梅，她是这次搬办公室的执行者和负责人。张艺梅是滴滴出行公司的行政主管，由于需要她处理的事情很多，而她又能竭尽所能、恰如其分地解决，所以同事们都称她为“万能梅”。她也成了滴滴出行公司“极致执行”的典型人物。一位年轻的姑娘是如何获得这样大的成长的呢？

几年前，张艺梅为了找工作，只身来到中关村e世界滴滴出行公司面试。当时，她看到这样狭窄憋屈的办公室，又看了看空荡荡的会议室，既有点失望，又有点怀疑，自己是不是遇到骗子了。接下来，定然就要骗面试者交什么报名费、服装费之流了。

张艺梅的家人原本已经托关系在小县城里给她找了一份相当体面的工作，但是她想趁年轻的时候出去闯荡一番。于是，她选择了“北漂”，独自一人来到北京。她投了很多简历，要么石沉大海，要么老是接到自称是保险公司的电话，说要邀请她去参加什么培训。所以，她对骗子公司十分警觉，无论如何就是不交钱，发现苗头不对就开溜。

“你好，是张艺梅吗？你跟我来吧！”一位发福的斯文年轻男士出来叫她。

“是呀！”她看到这个要面试她的男士长得慈眉善目的，还戴着一副黑边眼镜，她绷紧的弦才有点放松下来。那个面试她的人就是程维。

“为什么办公室都是空的？”张艺梅先发制人，先问程维。

“哦，那些是地面推广人员，都出去跑市场了。”程维笑答，然后就向她发出邀请，“我们想招一个行政主管，我看你是学管理专业的，正好对口，可以从前台做起，慢慢学，慢慢成长。虽然我们是创业公司，但是发展空间要比其他公司大一些。”

回去之后，张艺梅再三考虑，最后决定加入滴滴出行，因为她再不快点找到工作，可能又被家人拽回小县城上班了。

没有迎接仪式，没有迎新晚会，一切都很简单。张艺梅入职后，就到前台工作，负责处理各种行政事宜。

在创业之初，虽然程维面临资金短缺、产品开发和地面推广的三重压力，但是他心态很好，始终保持一颗平常心。每天早上，程维都面带微笑走进办公室，先跟张艺梅打个招呼，再进办公室办公。

当时，程维凭借在阿里巴巴做销售经理的实战经验，指导地推人员跑出租车公司，跑火车站，跑飞机场，跑高铁站，凡是出租车司机聚集的地方，就去派单、装滴滴出行软件。张艺梅发现这些地推人员早上来公司商议对策，然后又分头杀出去推广，晚上回来后大家又聚在一起总结经验得失，个个都是生龙活虎、跃跃欲试的样子。

有时候，晚上碰到加班时，张艺梅就做好后勤工作，给程维和同事们叫外卖。有时候，程维点的菜比较好吃，所以张艺梅和同事们就一起去抢程维的饭菜。程维也不生气，他知道大家工作都很辛苦。后来，抢“CEO的饭吃”成为办公室的保留娱乐项目，让他们度过了最艰难的岁月。为了防止饿肚子，程维每一次都会多订几份不同的外卖好

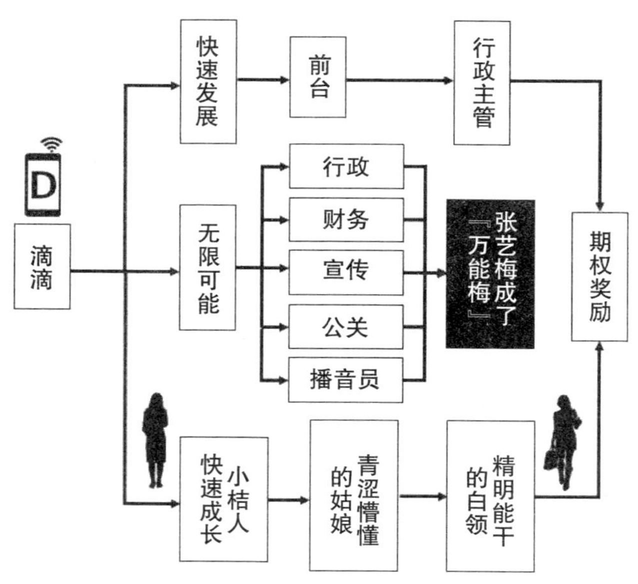

快速成长的小桔人

让大家分着吃，分到最后员工们总会自觉留出一份给他。

从前台到行政主管

在2012年那个寒冷的冬天，在竞争对手放松布局时，程维果断发起了“冷启动”，不断加大推广力度和创新推广方法，最终装机量突破1万单，订单量突破1000单，并获得了金沙江创投注入的300万美元的A轮融资。

随着公司不断发展壮大，员工也越来越多，行政工作也越来越琐碎、越来越庞杂。当时，身为滴滴唯一的非业务人员，张艺梅什么都做，就这样炼成了“万能梅”。

在滴滴出行完成A轮融资不久，程维就将存有数百万元的公司账户交给张艺梅照看，让她看好公司的钱袋子。当时，张艺梅十分忐忑，生怕出什么差池，后来，她想到了一个保险的做法。她把电子银行的U盾串在自己钥匙链上，每时每刻都带着它、摸着它，生怕它突然飞走了。

张艺梅是公司的前台，负责接待来客，收发快递，经办报销和员工社保缴纳等工作。同时，她还兼顾人力资源的工作，招募业务推广人员。如果公司要购买家具、办公用品，她又充任采购。在出租车司机奖励计划开展后，公司说要给司机们奖励毛巾，于是她就经常跑去超市寻找物美价廉的奖品，经过精挑细选，落实了一款摸起来手感好但价格又很便宜的毛巾。

有一次，程维让她找个记者发个滴滴出行上线的新闻。张艺梅托朋友找关系找到了一位地铁报的记者，让他发布了滴滴出行上线的新闻。依照惯例，记者采访要付几百元的车马费，她有点不舍得，因为公司还没挣钱，她要敬畏每一分钱。除了管好行政工作外，张艺梅还是滴滴出行微博的管理人员，负责对外公布公司的相关信息。

在早期滴滴出行软件中，有一个叫“梅梅”的播报员，就是张艺梅的真人播报。当时，公司需要一个人广播新出台的政策、天气和路况提醒，于是她又毛遂自荐，负责播音。当时的录音设备十分简单，她就对着智能手机一遍遍念稿，录到满意了，再发布出去。

高强度、高效率的工作，让张艺梅得了一种怪病，有一年她一直被心律不齐、耳鸣、低烧等病症困扰。经过诊断后，医生认为长时间的疲劳和压力让她的耳朵出现了幻听，在耳际总像是有人在喊“艺梅、艺梅、艺梅”。那是同事们的呼叫，因为他们已经离不开她了。

多年来，行政、财务、宣传、公关、播音员等工作，张艺梅都干过。经过岁月的洗礼、成长的历练，青涩懵懂的姑娘，变成了精明能干的女白领，张艺梅也从前台变成了行政主管。2015年年初，滴滴为全部员工安排了期权奖励，张艺梅也拿到一些，其主人翁意识就更加强烈了。

程维希望，每一位员工都能跟公司一起获得快速成长，就像公司从昏暗的仓库搬到阳光的写字楼去一样。程维说：“希望每个同学都给自己制定成长目标，展望一年以后自己可以变成什么样子。大家一定要相信滴滴是一个有无限可能、快速发展的平台。希望大家成为快速成长的小桔人（因为该公司注册名为小桔科技，滴滴公司的人也被称为小桔人）。”

做一颗夜空中最亮的星

夜幕低垂，星空浩瀚，宇宙深邃。那颗最亮的金星散发着耀眼的光芒，就像睿智哲人的眼睛，洞悉一切。它在夜空中的亮度仅次于月亮，但比月亮更加灵动，犹如一只东奔西跑、年轻俏皮的精灵。在日出东方、繁星消逝时，它依然在天边闪耀；当日落昼黑、星河未盈时，它最先闪出，领放光芒。快速成长的小桔人就像天上的星星一样，在自己的工作岗位上有一分光就发一分热。

拥抱变化的地推男

赵意波是滴滴出行早期地推负责人之一，当年程维在做地面推广时复制了阿里巴巴的成功经验，他把团队分成各个小组，然后让各个小组相互竞争、相互拆台、相互PK，以便时刻激活团队的战斗力。在每个月的评比中，做得最好的团队才有“金桔子奖”，做得最差的团队只能领“烂桔子奖”了。

评选“金桔子奖”“烂桔子奖”可以说是滴滴出行管理制度上的特色。程维会定期举行例会，让各部门负责人通过PPT演示工作总结。遭到批评最多的部门负责人要领取“烂桔子奖”，获得一个绿色哭脸的桔子模型，反之，业绩优异的部门会获得笑脸的“金桔子奖”。为了评奖，各个团队之间相互自由“拍砖”，提问题最犀利的人还会得到“最佳毒舌奖”。

这种“相生相杀”的团队文化，在管理学上被称为“鲶鱼效应”。

当年，挪威人喜欢吃沙丁鱼，尤其是活鱼。在市场上活鱼的价格要比死鱼高许多，所以渔民总是想方设法让沙丁鱼活着回到渔港。可是虽然经过种种努力，绝大部分沙丁鱼还是在中途因窒息而死亡。后来，有一位船长在装满沙丁鱼的鱼槽里放进了一条以鱼为食的鲶鱼。鲶鱼进入鱼槽后，由于环境陌生，便四处游动。沙丁鱼见了鲶鱼十分紧张，左冲右突，四处躲避，加速游动。这样沙丁鱼缺氧的问题就迎刃而解了，沙丁鱼也就不会死了。这样一来，一条条沙丁鱼活蹦乱跳地回到了渔港。这就是著名的“鲶鱼效应”。

鲶鱼效应是采取一种手段或措施，刺激一些企业活跃起来投入到市场中积极参与竞争，它实质是一种负激励，是一种激活员工战斗力的非常手段。

当时，在产品上线后的一段时间里，由于装机量和订单量一直上不去，所以滴滴市场部门只能领“烂桔子奖”。赵意波亲眼看过，部门女主管一边领着“烂桔子奖”，一边遭遇熟识同事当面批评指责。最后，这位女主管在会上失声痛哭，很快，她选择了离开。

赵意波可不想就这样轻易离开，因为市场每时每刻都在变化，他要拥抱变化，创新突破，出奇制胜，最终掌控变化。

2012年10月，赵意波带团队杀到北京西站进行最后的决战。赵意波经过观察发现，北京西站地下停车场是个出租车聚集的地方，而地下车库的厕所，则是司机们每天必须光顾的地方。

于是，赵意波把滴滴出行地面推广的服务台搭在厕所旁边。通过一番推广实践，赵意波发现，最佳的推广时机是司机们在厕所里完成“五谷轮回”之后，大摇大摆、神情放松地走出厕所时。这时，滴滴出行负责派单的、装机的、演示的、培训的一哄而上，左右呼应，完美配合，在司机从厕所走到出租车之前完成整个推广流程。然后，又迅速逮住第二个司机，重复进行标准化、流水线的推广作业。这样1个月下来，赵意波的团队安装了3000个司机端，而此前通过寻找与出租车公司合作推广，3个月才安装1000个司机端。

滴滴出行迅速总结了北京西站这种“围攻厕所，秒杀司机”的成功打法，并推广到北京南站、首都机场等地方，就连出租车司机聚餐的地方，滴滴出行的地推人员也会尾随而至。在司机端的装机量获得提升之后，赵意波和同事又印制优惠券，到北京写字楼挨个公司挨个白领去发，为司机们创造叫车订单。

滴滴出行在北京市场站稳脚跟之后，程维又将赵意波等人派往华北其他市场，以及东北、华东、华南、西北等地，全面推广滴滴出行。他们几乎是复制北京的成功推广经验，每到一地，会先考察出租车司机聚集点，然后招募业务人员，搭台推广。

在面向全国推广的过程中，滴滴出行遭遇了强大的对手——快的打车。快的打车同样采用在出租车司机聚集的地方设点推广的方式，他们的服务点常常设在滴滴出行服务点的旁边。双方血气方刚的地推人员，经常摩擦不断。

有一次，赵意波带队在北京市场做推广时，快的打车的地推服务点就设在旁边，他们对滴滴出行的服务点虎视眈眈，随时都有过来拆台的可能。后来，赵意波又出一个奇招——请人看场子，他说：“我请两个身高185厘米以上的壮汉，戴着墨镜，叉腰站在服务点旁边，这样对方就不敢过来了。”

就这样，滴滴出行的地推人员通过坚持不懈的市场推广工作，既教会了出租车司机使用滴滴出行打车软件，又改变了亿万乘客的出行方式，奠定了良好的市场格局。后来，“拥抱变化”的赵意波迅速成长为滴滴出行出租车事业部华北营销中心总经理、滴滴出行副总裁。

极致执行的技术男

有一天，张博向程维推荐了一个技术男，就是张博从老东家百度挖过来的罗文。程维一看，就觉得很满意。罗文从百度辞职出来后，就加入滴滴出行，并主导了滴滴2.0版本的产品设计。后来，罗文成长为滴滴出行的产品总监。

2014年1月，中信产业基金和腾讯向滴滴出行注入1亿美元，助力滴滴出行做全国市场推广。由于用户量激增，产品需要更新换代，以迎接巨大的用户量和订单量。

当时，腾讯不断向滴滴出行输入自己的“三重功力”，包括发展资本、流量入口和技术平台。当时腾讯大张旗鼓要推广微信支付，试图与阿里巴巴旗下的支付宝平分天下。

当时，程维为了让滴滴出行跑得更快，不想做账号支付这些复杂的环节，他对于微信支付接口的预期不高，因为司机个个都想让钱迅速落袋为安，不想让滴滴平台绕个弯，通过微信支付再转到他们的银行卡上。

当时，罗文分析产品设计之后，认为滴滴出行既然获得了微信的流量入口，不解决收费的问题是不可行的，因为在线支付已是大势所趋，不论什么银行卡都可以绑定微信支付。滴滴出行打车软件只有打通了微信支付流程，O2O的服务才能真正立体起来。最后，程维接受了他的意见，并表示动作要迅速，因为对手快的打车已经对接了支付宝。

于是，罗文带着技术团队挑灯夜战了一个月，编程序、做代码、补漏洞、忙测试，最后打通了滴滴出行在微信钱包中的第三方服务窗口。现在，人们叫车、支付都可以在这个窗口中完成。

2014年1月4日，滴滴出行以第三方服务平台进驻微信钱包，从此正式告别了司机找零、验钞的时代，当天就有6000个订单通过微信钱包支付。在滴滴出行成功对接微信钱包几天后，微信支付和滴滴出行共同启动补贴活动，让微信钱包打车迅速风靡全国。

程维说："罗文到我们身边的时候，他很腼腆地说他是1989年出生的，但是如果没有他的快速成长，整个滴滴不会有今天。所以最重要的事情是，公司发展再快，如果我们不成长，就没什么意义。希望大家给自己制定一些新的目标，去挑战一些没有做过的一些事情，试一试独立思考，试一试极致执行，看看自己能不能变成那个更加强大的自己。"

滴滴的文化与价值观

不论是拥抱变化的地推男，还是极致执行的技术男，他们跟几千个其他小桔人一样，向人们阐释了滴滴出行的文化和价值观。几年来，滴滴出行已建设了小桔文化社、滴滴学院等，使滴滴文化落地，让团队不断修炼内功。

首先，重塑品牌形象。2014年5月，由"嘀嘀打车"改名为"滴滴打车"。2015年9月，滴滴出行成立三周年之际，滴滴出行正式公布了

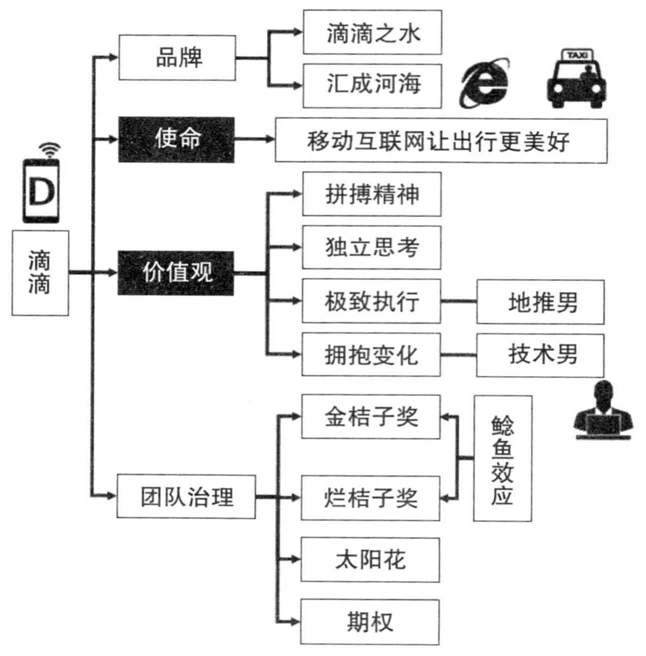

滴滴的文化与价值观

全新品牌和标识，由原来的“滴滴打车”更名为“滴滴出行”并启用新标识——扭转的桔色大写字母D。

程维对外界解释了为什么要更换为“滴滴”。程维说：“当小桔科技刚开始运作时，内部就有强烈的嘀嘀与滴滴之争，通过一段时间的运营，支持滴滴的思想占了上风：嘀嘀只是象声词，缺少内涵，而滴滴就要丰富多了。一滴水，很渺小，但‘滴滴之水，汇成河海’，这力量就大了。滴滴出行，就是一滴水，每一个员工，都是一滴水，但将它们汇合，就是大江大海。而我们每一个人出行，正如鱼儿入水，而不是‘在家千日好，出门一时难’。这就是小桔科技的希望，也是滴滴的品牌诉求。”

从此，滴滴出行，像滴水穿石一般，点破了一个又一个区域市场，滋润了人们一次又一次出行体验。

其次，明确价值观。程维说："滴滴唯一不变的是变化，不变是容易的，但只有不断变革才能造就伟大的公司。变的是节奏，变的是打法。不变的是'移动互联网让出行更美好'的梦想，不变的是'简单开放、激情做人、独立思考、极致执行、拥抱变化'的价值观。"

在2016年1月公司年会上，程维阐明了价值观中关键词之间的关系，他说："今天我们是拼搏出来的，背后最重要的是一群拥有拼搏精神、独立思考、极致执行、拥抱变化的小桔人，公司越来越壮大，但这种精神的延续是未来最重要的事情。外界觉得滴滴是一个奇迹，但我知道大家是怎样一步一步极致地拼搏，打赢了每一场硬仗。如果不能够坚守阵地就没有未来，我们一直是没有退路做到今天的。拥抱变化，独立思考，想清楚以后极致执行，我们还能根据环境灵活地调整，这是滴滴最重要的能力。"

滴滴出行的价值观，与阿里巴巴的价值观似乎是一脉相承的。

阿里巴巴的价值观是：客户第一（客户是衣食父母）、团队合作（共享共担，平凡人做平凡事）、拥抱变化（迎接变化，勇于创新）、诚信（诚实正直，言行坦荡）、激情（乐观向上，永不言弃）、敬业（专业执着，精益求精）。

而滴滴出行的价值观是：简单开放（产品简单，平台开放）、激情做人（相信"移动互联网让出行更美好"的梦想，努力拼搏）、独立思考（技术为产品服务，产品为商业服务，商业以大数据为驱动）、极致执行（超越对手，超越自我，超越过去）、拥抱变化（不断创新，不断变革，造就伟大）。

在团队治理方面，除了"金桔子奖"和"烂桔子奖"评比之外，滴滴出行还有太阳花和薪金期权。程维说：“我们的太阳花还会坚决地执行下去，我知道还有很多体系不健全，还有很多未必那么公平。但是，我们每一个不足都是以辜负用户的期待为代价的，所以太阳花输掉的团队真的去扫了厕所。扫厕所不丢人，我们也是服务者，那些阿姨也是服务者。如果不能给用户提供好的产品，那就从最简单的把厕所扫干净开始。

“2016年第一个月，服务最差的团队会裸奔。没有服务好用户，我们跑得再快就是在裸奔。我特别希望2016年夯实我们的技术基础，为打造一个中国最领先，甚至全世界最领先的大数据团队打好根基。希望大家能够记住，薪水是奖励苦劳的；奖金是奖励功劳的；期权是奖励主人翁精神的，是奖励有突出贡献和有潜力、有未来的同学的。”

现在，滴滴出行的几千名员工就像天上的几千颗星，正渐渐汇成一条银河，汇成一股力量，以凌厉攻势颠覆着传统出行方式。他们通过移动互联网，通过大数据，通过智能调度，让出行变得更美好。

第6章

资本局：

无路可退，唯有大步向前

作为一个所谓的这么高估值(约350亿美元)的企业，它代表了什么呢？它代表了非常艰巨的挑战，不管是在战略上，在业务上，还是在管理上。今天，我们已经晋升到这个圈子，我们无路可退，只有大步向前。

——程维

补贴大战中，美国Uber凶猛杀到

春风习习，杨柳依依，杭州西湖景区已是百花齐放，蝶蜂逐戏——二月兰、桃花、牡丹、虞美人等花卉草木，将湖畔、湿地、花坡、舞榭歌台等装扮得如梦似幻，犹如童话世界。岸上游人如织，湖中群鸭嬉水。就在这样的大好春光里，杭州民众正经历着一场前所未有的打车难，正所谓"春江水暖鸭先知，打车不利叟先觉"。

马云母亲打不到车

2014年的春天，对于经常打车的杭州市民来说，注定是记忆深刻的。因为仿佛在一夜之间，很多人都打不到出租车了，特别是那些孩子和老人，就连电商巨头阿里巴巴创始人马云的母亲也打不到车了。原因是滴滴出行和快的打车正在打补贴大战，司机专挑用手机叫车、有补贴的订单，至于那些不会用智能手机叫车的孩子和老人，他们才懒得理睬呢。

有一天，马云实在看不惯这种现象，就在"来往"（阿里巴巴旗下社交应用APP）"扎堆"中吐槽了：

"几天前，我妈和我说她在路上打出租车，很久没有车停下来。她说她们这年龄的人不会用手机打车软件，不仅不能享受到'竞争红利优惠’，连起码的打车服务也没有了。我父亲说要不是我公司参与这个竞争及看到很多年轻人喜欢，他早骂上门来了。

“我觉得市场竞争的原则是要让市场受惠，让用户受益。不怕烧钱，更不怕竞争，但最怕伤害用户的利益，特别是老人、孩子的利益。

“这事还真得认真思考和对待。打车软件的朋友们，你们还想打多久啊？建议你们坐下来喝杯茶，商量一下，下一步如何干得更智慧点。呵呵，竞争千万不能伤及别人。

“两个蛮汉打架，街上看热闹的人多，绝对不要认为别人在看比赛，别人是在看笑话。”

马云所说的“两个蛮汉打架”指的就是滴滴出行和快的打车开展的烧钱无度的补贴大战。滴滴出行背后的投资人是腾讯，而快的打车的投资者正是阿里巴巴。当时，马云支持快的打车跟进了补贴大战，结果害得自己的母亲打不到车，怪不得马云要吐槽一番。

这场补贴大战是怎么开始的呢？2014年2月，在滴滴出行打车平台接入微信支付后，程维想做一次促销推广。于是，他就找投资方腾讯要几百万元的推广预算，没想到腾讯却回复说：“你们的预算太少，恐怕没有多大影响力。”最终，腾讯十分慷慨地给了滴滴出行几千万元。

有了钱之后，程维开始上补贴，对于用手机叫车的乘客和接载的司机进行双向补贴。当时，滴滴出行平台设计了中间资金池，每个叫车单都由滴滴出行垫付补贴资金。为了让司机试用一下，滴滴出行先给司机发10元补贴，司机测试后确实能够马上收到钱，于是一传十，十传百，整个打车行业就火了起来。

通过打车补贴，滴滴出行的成交量瞬间暴涨，用户量和流量像火箭一样攀升。很快，杭州的快的打车就联合支付宝，与滴滴出行展开空地缠斗，也对乘客和司机进行补贴，而且他们还宣称，他们的补贴额度永远高过滴滴出行1元钱。就这样，双方开始疯狂烧钱，快的打车跟进补贴用户10元，滴滴出行就补贴用户11元。当发现滴滴出行补贴用户11元后，快的打车就补贴用户12元。

程维开始紧张起来，没想到这次促销推广计划，居然捅了大篓子，滴滴出行和快的打车的补贴大战把“BAT”三大巨头中的腾讯、阿里巴巴都揽进来了。由于滴滴出行的用户量庞大，每个用户补贴10多元钱，所烧的钱已经很多了，在一周之内滴滴出行的补贴已达1亿多元。眼看就要没有钱可烧了，于是，程维在董事会上提出：“两周以后，快的打车的数据可能开始超越我们。我们是否马上跟进补贴？”

听到这消息，所有的董事都惊呆了，因为滴滴出行已经雄霸全国市场，而快的打车只是在华东市场盘踞。当时，滴滴出行的所有投资

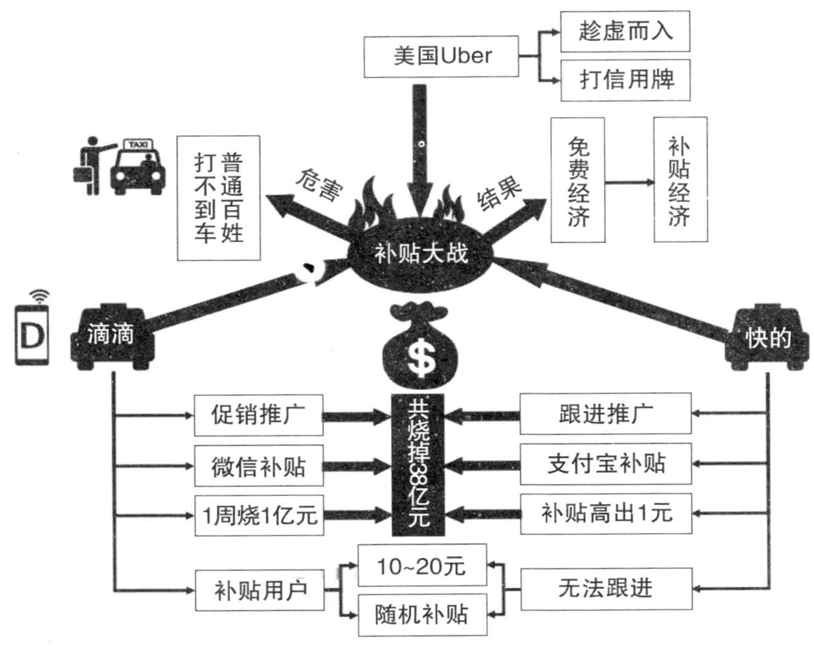

滴滴与快的展开“补贴大战”

人，本能的反应都是极不愿意烧钱的，因为刚刚投资的钱，在不到一周的时间内就要烧没了，每个投资人都觉得很心痛。

从免费经济到补贴经济

“我们正在开发滴滴‘红包’产品，可在一个月之后再进行新型的红包补贴！”程维提议道。

“尽管是我们发动的补贴大战，但是对手已经疯狂跟进，我们必须给以有力反击。如果等一个月后再反击，快的打车和滴滴出行的市场份额占比可能变成7：3，这样这场补贴大战的主动权将会拱手让给竞争对手。强者更强，弱者更弱，最后滴滴有可能在市场上消失。”王刚和朱啸虎等投资人建议道，“我们可以让腾讯继续参与补贴！”

由于快的打车背后的大东家是财大气粗的阿里巴巴，腾讯也心有余悸起来，总不能只烧腾讯一家投资机构的钱吧。此前的补贴全是腾讯买单，后来滴滴出行和各个投资人达成的补贴方案是腾讯和滴滴出行各拿50%的钱出来，继续上补贴，继续烧钱。这时，腾讯高层很爽快地答应了这种做法，他们说：“不论是一个月后补贴还是下周一补贴，由滴滴出行程维CEO做决定。”

“天下武功，唯快不破”，有了腾讯的重金支持之后，程维当机立断：“下周一开始补贴！”于是，第二周第二轮补贴大战再度燃起战火，双方依然竞相抬高补贴价格，让司机和乘客像钟摆一样一下子选择滴滴出行，一下子选择快的打车，以便获得最高补贴。当快的打车的补贴提高到12元时，马化腾以多年运营游戏的经验，出了一个绝妙的主意：“每单补贴随机，补贴额度在10～20元不等。”

就这样，由于滴滴出行的补贴既有随机性，没有固定的补贴额度，所以快的打车就完全无法跟进了，也不能像以前那样通过简单地抬高补贴额度，就能对滴滴出行进行压制性打击了。在这场补贴大战中，滴滴出行（微信补贴）和快的打车（支付宝补贴）明争暗斗、相互攻伐，混战了一段时间，双方均宣称所投入的补贴已经达到19亿元，也就是共用38亿元补贴了中国几亿用户，把打车软件给搞火了。

就在滴滴出行和快的打车打得难分难解之时，美国打车软件Uber顺势杀入中国。2014年2月，Uber宣布正式进入中国市场，Uber不像滴滴出行和快的打车那样打补贴牌，而是打信用牌。乘客使用Uber车辆不需要支付现金，因为用户在注册Uber账户时绑定了信用卡，乘车之后费用在信用卡中扣除。这种做法明显带有美国人超前消费的逻辑，Uber坐车不要钱，就这样流传起来。不过，在中国市场的事实已证明，免费坐车还是打不过补贴坐车。

美国Uber在2010年创立，经过几年发展已经覆盖了全球25个国家的70余个城市，像中国的上海、深圳、广州等城市都有Uber专车的影子，Uber是一个强大的、隐形对手，它就像一架隐形战机那样，一边冷静地侦察中国本土的打车软件的混战，一边马不停蹄地开展城市业务拓展工作，将军力进行精准投放。

补贴大战再这样打下去，滴滴出行和快的打车势必两败俱伤，Uber将不费吹灰之力就能收拾它们两个。于是，马云建议滴滴出行和快的打车“坐下来喝杯茶，商量一下，下一步如何干得更智慧点”。2014年8月，滴滴出行和快的打车均停止了补贴大战。

这场补贴大战一方面引爆了中国人用手机叫车的出行习惯，另一方面把中国互联网经济推到了补贴经济时代。对此，滴滴出行有点始作俑者的味道，接下来很多移动互联网创业公司如果不上补贴做推广的话，将面临更为残酷的创新挑战。

程维总结说："因为互联网激烈的竞争和充沛的资本，已经让现在的中国互联网从免费经济走到了补贴经济，互联网最早是收费经济，最早的Windows操作系统是收费的，最早的杀毒软件是收费的，免费经济的代表360干掉了所有的收费杀毒软件，淘宝干掉了eBay，整个互联网竞争越来越白热化，淘宝用来教育用户的10年在O2O行业里被压缩到了1年。

"在我看来，不管是免费经济还是补贴经济，它始终是营销层面的创新。我相信随着整个资本趋于理性，寒冬到来，整个行业还是会回归到商业的本质。那就是通过不断地去创造好的服务，不断地去创新和加快技术的进步，来赢得市场。"

滴滴、快的合并，底线是有绝对控制权

在距离滴滴出行办公的得实大厦不到2千米的地方，有一座奇异的建筑，那就是北京海淀区上地科技园区里的百度大厦，它就像一个巨大的搜索框屹立在天地之间。这座大厦呈“目”字形结构，长方形的框架，似乎要搜索天地万物，反馈一切结果。2014年12月，美国Uber创始人兼CEO特拉维斯·卡兰尼克在百度大厦会见了百度创始人兼CEO李彦宏，并共同签署了全球战略合作。

在此次战略合作中，百度向美国Uber投资近6亿美元，并开放了搜索流量入口，用户可以在手机百度利用Uber叫车。就这样，中国打车市场重归波诡云谲的“三国杀”，用户既可以在微信钱包中用滴滴出行叫车，也可以在支付宝中用快的打车叫车，还可以在手机百度中用Uber叫车。

22天完成合并谈判

当时，Uber的估值为500亿美元，而滴滴出行估值仅为160多亿美元，论资金滴滴出行处于下风，论国际化美国Uber布局更多。眼下美国Uber已经杀入中国市场，来到家门口叫阵，还与“BAT”三巨头之一的百度达成了战略合作。而此时，中国两大打车软件滴滴出行和快的打车还在内斗，正所谓“兄弟阋于墙，外御其侮”。程维感到事态严重，于是极力撮合与快的打车的战略合并。

2015年1月21日，程维在深圳启动了一个代号为“情人节项目”的任务，目标就是要在2015年2月14日情人节前完成滴滴出行和快的打车的战略合并。于是，滴滴出行总裁柳青开始积极行动起来，就合作情况知会滴滴出行和快的打车双方的投资人和股东。Uber疯狂杀到，反倒成了滴滴出行和快的打车合并的催化剂，他们要放弃过去打补贴大战的仇隙，走向新的联合。

柳青说：“双方放弃的主要是对彼此的成见，作为原本一直在厮杀的竞争对手，大家认识到这个市场远超过自己原来的想象。腾讯和阿里巴巴两边的马总都很祝贺，但是都没有主导参与。我们在交易谈判前有知会股东、投资人。”

当时，滴滴出行CEO程维和快的打车CEO吕传伟，都觉得自己可以做到中国打车市场的第一名，而且各自所占的市场份额又十分接近，势均力敌，没有谁比谁更强，所以有很多细节需要从长计议，包括控制权、业务发展方向、管理架构、双方股东关系等。虽然大家都很有诚意合作，但是并不那么容易握手言和，因为双方已经在补贴大战中互相对掐了好长一阵时间，一下子又走向合作，显得“比闪婚还要闪婚”。

由于滴滴出行的总部在北京，而快的打车的总部在杭州，所以他们挑了个中立的城市深圳进行双方会谈。在1月21日会谈那天，双方主要谈及了几个大的框架：第一，两家公司继续坚持独立发展，管理团队拥有绝对控制权，投资人不能染指，重要决策由程维、吕传伟跟柳青3个主要核心管理人员来决策；第二，业务发展对投资方腾讯和阿里巴巴没有任何损害和偏袒，阿里巴巴和腾讯原有的合作仍然保持继续，微信支付、支付宝支付继续与滴滴出行、快的打车展开合作；第三，在合并过程中，投资人始终保持中立。由于大家都很有诚意合作，所以阿里巴巴和腾讯方面都表示坚守中立态度，尊重管理团队的决定。

合并之后，业务怎么开展？双方谈论的结果是，要招更多的人，以便开展更多业务。人多了，怎么进行团队管理？双方讨论增加了新的期权，都是从双方各个股东稀释出来的股份，以便给合并之后的高管团队更多的股权激励。最后，大家准备了一页纸，落实了主要合并条款，其中包括怎么处理阿里巴巴和腾讯的关系，主要的意思是以公司的核心利益为考量，不去偏袒任何一方的股东。

1月27日，滴滴出行和快的打车整个管理团队在北京第二次开会，除了程维、柳青、吕传伟等人之外，还加上双方的律师、审计、财务。在谈定相关合作细节之后，双方律师开始起草框架协议。

2月11日，滴滴出行和快的打车双方代表正式在战略合作协议上签字，并在2月14日情人节那天向外界宣布。仅用22天，滴滴与快的就实现了战略合并，滴滴出行CEO程维和快的打车CEO吕传伟任Co-CEO（联席CEO制度，由两个或多个人共任负责CEO），两家公司在人员架构上保持不变，业务继续平行发展，并保留各自的品牌和业务独立性。

在滴滴出行内部信中，程维高兴地说："打则惊天动地，和则恩爱到底！这次合并创造了3个记录：第一，中国互联网历史上最大的并购案；第二，最快创造了一家中国前5名的互联网公司；第三，整合了两家巨头的支持。能够短时间完成，要感谢为之付出的人，也是我们的福分。合并后，管理层团队依然牢牢掌握着公司的绝对控制权，这作为底线被所有投资者和两家巨头接受。也要感谢支持过滴滴出行的腾讯和阿里巴巴，能够放下成见和利益，支持创业者的梦想走到一起。”

在双方合并之后，阿里巴巴创始人马云和腾讯创始人马化腾同时表示了祝贺。马云表示：“对滴滴与快的的合并，表示热烈祝贺，非常开心。感谢所有参与项目的人的共同努力。相信通过大家共同的努力，滴滴、快的会取得更好的成果。在此，感谢腾讯，感谢滴滴团队，感谢快的团队，为了整个移动出行行业的发展所做的贡献，以及放眼未来，顾全大局，以精诚合作的方式实现合并。”

马化腾祝贺称：“互联网改变生活，‘互联网+交通’将成为又一互联网化的行业。合并后的滴滴出行将成为这一大领域毫无争议的领先者。”

在合并之前，快的打车、滴滴出行的市场份额，分别是56.55%、43.3%，合并之后，市场份额之和为99.8%，似乎已经形成了垄断。对此，滴滴打车总裁柳青解释说：“我们做的是出行行业，包括去哪儿、

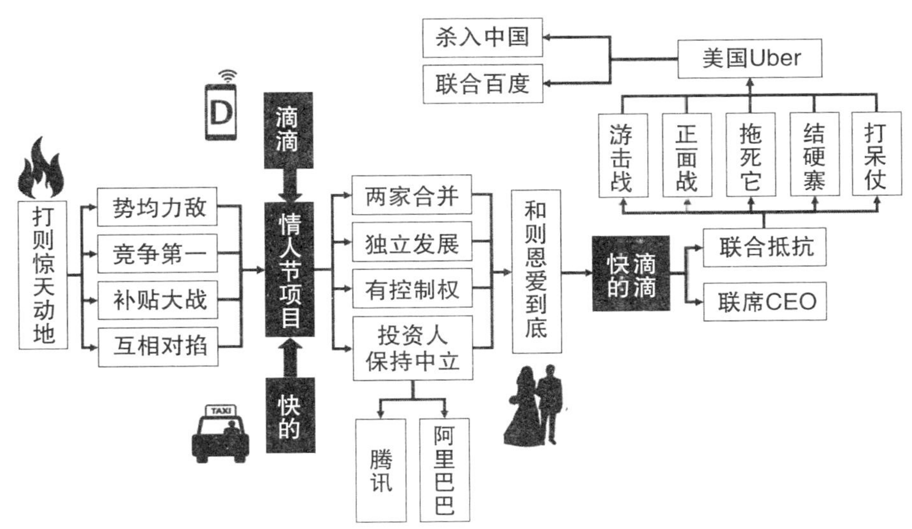

滴滴、快的“闪婚式”合并

神州租车、Uber或携程都属于出行领域，所以我们不涉及垄断。”

滴滴出行与Uber大战

在滴滴出行与快的打车完成战略合并之后，美国Uber派人找到滴滴出行谈判：“要么接受其投资占股40%的要求，要不然Uber会在中国投入超过10亿美元的现金。”

面对美国Uber的嚣张气焰，程维没有妥协，而是做好迎战的准备。

这时，程维不再是孤军奋战，他的身边已经是巨头云集，他们都是中国本土市场的最大赢家。程维请教了联想控投创始人柳传志、腾讯公司CEO马化腾和阿里巴巴集团董事局主席马云。因为柳传志是滴滴出行的总裁柳青的父亲，而马云和马化腾都是滴滴出行的投资方。

柳传志的建议是：“必须要发挥本土的优势，游击战，拖住它。”

马化腾说：“要正面拉开架势，歼灭它。”

马云说：“帝国主义都是纸老虎，你拖它两年，它自已会出问题的。”

柳传志说要打“游击战”，马化腾说要开辟“正面战场”，马云说要“拖死它”。程维只能根据这些巨头大佬的建议，结合实际情况去迎接Uber的攻伐了。

很快，战斗就打响了。2015年3月，Uber宣布打车费用降价30%，司机的收入和乘客的优惠都由Uber自己来承担。Uber烧钱一段时间之后，又狂上补贴。2015年11月，Uber展开了新一轮的补贴活动，给乘客和司机补贴，每单免费金额最高10元。

作为反击，滴滴出行一边打补贴大战，向用户派发5折优惠券；

一边开展大规模融资，开展更多业务线，拓展更多城市。程维说：“Uber是美国历史上融资能力最强的公司，携巨资进入中国，要支持多业务线打赢，融资战役是生死时速。”

经过一番厮杀，Uber专车以巨大的代价（烧掉10亿美元）获得一些市场份额，但还是不敌滴滴专车。2015年11月，Uber专车公布数据，宣称其已经进入21个城市，整体市场份额超过35%。同年12月，滴滴出行也宣布，滴滴专车目前已经覆盖了259个城市，拥有超过500万名的注册司机，日均订单量400万单，市场份额高达83.2%。

以前，滴滴出行靠闪电战、靠发展速度、靠补贴大战完胜对手，不过这种打法有失稳健。程维说：“我每天感觉坐在一辆飞速行驶的车上，轮子都要飞出去了，但是我们还要踩油门，每天都惊心动魄。”

滴滴出行和Uber展开正面战场，烧钱太快，得不偿失。未来，程维他们要想彻底打败Uber，还需要采用“结硬寨，打呆仗”的打法。所谓“结硬寨”就是不断融资，不断拓展城市覆盖率；“打呆仗”就是不断扩充业务线，抢占先机，慢慢迫使对手出局。

“结硬寨，打呆仗”是当年曾国藩带领湘军的一种打法。“结硬寨”就是军队到了一个地方以后马上要扎营，修墙挖壕，把进攻任务转变成防守任务，坐等别人来攻寨，然后以逸待劳，慢慢拖垮对手。正如《孙子兵法》所说：“昔之善战者，先为不可胜，以待敌之可胜。”就是说，善于指挥作战的人，先要做到不会被敌人战胜，然后待机战胜敌人。

据此，滴滴出行不能正面交锋、烧钱无度，因为Uber估值更高、融资能力更强。滴滴只需要发挥本土优势，继续扩大城市覆盖面，等着Uber来攻城玩补贴，最后烧死自己。

曾国藩“打呆仗”就是到一个城市周边以后开始挖壕，不是急着攻城，而是把城市慢慢围起来，他们打一个城市用的不是闪电战，而是旷日持久的消耗战。他们不停地挖壕沟，一道加上一道，无数道壕沟把这个城市围得水泄不通，拖它一两年不用打什么大仗，最后困死、饿死城里的守军。正如《孙子兵法》所言：“不战而屈人之兵！”意思是不通过双方军队兵刃交锋，便能使敌军屈服。

据此，滴滴快车需要不断开拓新业务，将专车、顺风车、出租车、快车、代驾、试驾、企业版、巴士、飞机等业务慢慢做强、做大。这些业务就像一道道“壕沟”把Uber专车围起来、困起来，最后Uber就会不攻自破，就像马云所说的“拖它两年，它自己会出问题的”。

多轮融资，因为还不赚钱

有一年的感恩节，纽约飘起了漫天大雪，一朵朵晶莹剔透的雪花簌簌而下。楼顶上、树上、车顶上、街道上的积雪越来越厚。在路上扫街的出租车渐渐走不动了，因为大雪封住了去路，前面出现了大堵车。

司机打开刮雨器绵弱无力地扫着挡风玻璃上的积雪，还闪着微弱的车灯，以提醒别的车不要撞过来。程维只身拎着箱子慢慢地在街道上走着，脸上显得很悲哀，因为他要给滴滴出行融资，但是投资人见到他就像老鼠见猫一样，纷纷躲起来都不见他，或者都以各种理由拒绝投资。

要敬畏每一分钱

那是几年前程维去纽约寻找风险投资的情形，他说："那时找钱挺悲凉的，往事不堪回首。只好拎包回来，在国内继续找（钱）。滴滴是最没有安全感的公司。我们生在血海狼窝旦面，时间和地点都不对，出生在战争年代，就注定要面对残酷的竞争，一刻不得停。"

发展这么多年来，滴滴出行一直在不断地融资，不断地烧钱。很多公司经过C轮融资之后，一般都可以上市了。但是滴滴出行经过多轮融资还没有实现上市，因为在补贴经济里的创业公司，需要烧更多钱，而且要烧得更久一些。滴滴出行就像美国Uber一样，从A轮一直融资到F轮，但还是没有实现上市。

以下表格记录了滴滴出行与Uber的融资情况：

	滴滴出行	原因	美国Uber
A轮	2012年12月，金沙江创投投资300万美元	滴滴出行守住了北京市场	2011年2月，获得1100万美元投资
B轮	2013年4月，腾讯投资1500万美元	在北京市场打败了摇摇招车，在上海打败了大黄蜂	2011年12月，获得3700万美元投资
C轮	2014年1月，中信产业基金、腾讯等投资1亿美元	用于与快的打车的“补贴大战”	2013年8月，获得2.58亿美元投资
D轮	2014年12月，淡马锡、DST、腾讯等投资7亿美元	用于对抗“快的打车”“Uber专车”	2014年6月，获得12亿美元投资
E轮	2015年5月，新浪微博投资1.42亿美元	发展更多业务线，提高城市覆盖率	2014年12月，获得28亿美元投资
F轮	2015年7月，国际私募基金、平安创新投资基金、阿里巴巴、腾讯、淡马锡等投资30亿美元	对抗美国Uber，全球扩张和投资	2013年7月，获得10亿美元投资

经过多轮融资，滴滴出行的估值越来越高，但是盈利能力还未达到理想要求。所以，未来不排除继续融资的可能，除非IPO（首次公开募股）。对于融资，程维、柳青在内部信中表示，要敬畏每一分钱，希望下次融资是滴滴出行上市之时。

程维说："有个排行榜说我们已经是仅次于蚂蚁金服、小米的第三大未上市科技公司，165亿美元市值，一切似乎都很美好。但我们要清醒地意识到，我们只是一家超速发展的创业企业，面临着最残酷的市场竞争、多变的环境、严厉的监管和超速扩张带来的内部挑战。

"我们还不赚钱！忘掉估值，持续创造价值。未来3年，我们依然为生存而战。我们要敬畏每一分钱，希望下次融资是滴滴出行上市。"

短期并没有上市计划

在中国打车市场，各种硬仗打得没完没了，小型创业公司渐渐被边缘化，而打车市场"三国杀"的主角也在不断地变化。现在，滴滴出行、Uber专车、神州专车正在加紧攻伐，试图上位成为真正的老大。有分析称，Uber中国（美国Uber中国分公司）烧钱无度、滴滴出行还不赚钱，而趁此良机神州专车最有可能率先上市，而如果滴滴出行紧随其后上市，将成为"全球移动出行第一股"。

2016年2月初，神州专车表示，希望在2016年实现上市。由于各个证券交易所对上市公司的盈利水平是有要求的，而滴滴出行和Uber中国均没有较为稳定的盈利，所以神州专车正好可以超越他们。在盈利模式上，滴滴出行和美国Uber采取了C2C模式，以接入大量私家车来发展业务，但出行平台很难收费。而神州专车则执行B2C模式，以企业自有车辆和司机服务高端用户，盈利模式较为清晰。如果神州专车成功上市，就会获得源源不断的发展资金，而滴滴出行还要不断寻找风险投资。

不过，神州专车上市前估值仅有369亿元人民币，而滴滴出行经过多轮融资之后，估值约350亿美元，高出神州专车很多。如果滴滴出行跟着神州专车上市，将会在资本市场再次实现逆袭神州专车。因为上市之后，公司的市值往往超过公司的估值。而Uber中国由于水土不服，可能还要摸索很长一段时间，甚至会像谷歌一样退出中国市场。

在2015年12月世界互联网大会乌镇峰会上，程维表示滴滴出行在短期内并没有上市计划。

程维说："现在公司才成立3年，很多大公司刚开始都没有赚钱，现在还不是赚钱的时候，团队有危机感，现在是滴滴不断孕育、布局业务的阶段，专车和业务都还在成长中。

"Uber是滴滴在专车领域的对手，作为美国公司有全球化野心，也促使滴滴更快成长和全球化，Uber全球大部分资金都花在中国，但是滴滴依然获得83%的市场份额，因此靠钱并不能打败中国互联网企业。"

据此看来，程维认为靠烧钱并不能打败滴滴出行，因为在草创之初，滴滴出行就不是很有钱，但也熬过来了。滴滴出行的当务之急，还是认真利用本土化优势彻底打败Uber，因为现在还不是赚钱的好时候，更谈不上什么上市，像阿里巴巴不是奋斗了15年才去美国上市吗？

专注中国市场，开展全球合作结盟

关于如何环游世界，有这样一种行程安排：先用滴滴专车到机场，然后再叫来滴滴专机从深圳飞往上海，然后飞跃太平洋到达美国。接着，利用美国Lyft出行服务公司，从美国西海岸游到东海岸。接着，再飞往印度，通过印度Ola移动出行平台，游遍印度，载歌载舞。最后到东南亚各国享受Grab Tax出行平台的服务，顺便带点纪念品回国。这就是滴滴出行的粉丝对环游旅游的畅想，或许在不久的将来，就会实现。

就在美国Uber大举进攻中国市场时，滴滴出行开始反击。滴滴出行一边专注中国市场，精耕细作，发展出租车、专车、快车、巴士、代驾、试驾、企业版等多条业务线；一边开展全球合作，建设一个高效可持续的全球出行生态圈联盟。滴滴出行展开全球合作同盟主要是通过投资合作来实现，而不是要自立门户，他们通过国内外的投资合作，把滴滴出行平台的O2O业务不断做全、做实、做透。

国外：组建全球合作同盟

在国外，滴滴出行在投资合作方面的最大手笔，就是达成了四方全球合作框架。

2015年12月，滴滴出行与Lyft、Grab Taxi和Ola开展合作关系，建立了共享出行全球合作框架，四方将打通各自的出行平台，为中国、美国、东南亚和印度的国际旅客群体提供无缝出行服务，覆盖全球人口的50%。

四方全球合作框架，通过共享彼此的技术、当地市场知识与商业资源，让国际用户可以使用当地的打车软件叫车。也就是说，国际游客在中国可以使用滴滴出行，在美国可以使用Lyft，在印度可以利用Ola，在东南亚可以利用Grab Taxi。

四大出行服务平台，各有优势，原先各自为政，现在居然达成了全球合作联盟，这让美国Uber睡不着觉了。

在中国市场，滴滴出行是中国一站式移动出行平台，每日在超过360个城市提供日均近千万单出行服务。滴滴出行目前在中国的出租车领域占有近100%的份额，专车领域拥有83%的市场份额。此外，滴滴出行还开展了巴士、企业版、代驾、试驾、顺风车等多项业务，抢先占领市场。而Uber中国只能在中国专车领域叫板两下，前景也不容乐观。

在美国市场，滴滴出行就像当年攻打快的打车一样直捣黄龙，杀到美国去。Lyft是美国第二大出行平台，是Uber在美国的最大竞争对手，网络覆盖190多个城市，月完成单量超700万单。Lyft与滴滴出行结成合作联盟后，向滴滴出行用户提供出行服务。同时，Lyft用户也可以在中国打车，服务由滴滴出行提供。2016年2月，Lyft联合创始人兼总裁约翰·齐默表示"Lyft将很快进入中国市场"，与滴滴出行无缝对接，共同狙击Uber，Lyft用户可以进行微信支付。

在东南亚市场，打车应用Grab Taxi有巨大的影响力。它在6个国家提供日均近150万单出行服务，并占有这些地区出租车和专车市场95%

和50%的份额。它跟滴滴出行平台十分类似，也是通过一个手机APP为用户提供多种服务，其中包括出租车、摩托出租车、专车、拼车和送货服务。

在印度市场，打车应用Ola是规模最大的移动出行平台，它的网络覆盖102个城市，平台注册车辆数超过35万辆，平均每天提供100多万次出行服务。滴滴出行与Ola形成合作结盟，互享资源，可以合力抗衡Uber的入侵。

由此，我们可以看出美国Uber的国际化是通过直营分公司的方式进军全球市场，也就是在全球各个国家的地区设立区域分公司，然后统一推广Uber专车服务。而滴滴出行却通过投资合作等方式布局国际市场。这好比《星球大战7》中的“抵抗组织”对抗“第一秩序”。在星球大战中，“第一秩序”使出最强的宇宙武器，就是利用太阳能充电，然后发射激光炮瞬间击溃数个星球。结果，很多星球的有志人士就联盟起来，组成了“抵抗组织”奇袭“第一秩序”的大本营，最终“第一秩序”分崩离析。

随着滴滴出行不断开展全球投资合作，以后这个四方全球合作框架还会不断扩大，最终变成N方全球合作框架，到时美国Uber可能就无立足之地了。

程维说：“所有美国公司在中国不够本土化，决策太慢。这也促使滴滴反思自己的国际化，需要适合每个国家的特点，靠投资合作等方式布局，给本土创业者分享技术经验和资本，打造全球化出行网络平台。”

投资合作，可以说是以金钱换时间，让滴滴出行实现快速全球布局，同时也降低国际化风险。因为在国外多个市场建立业务公司成本比较高，而通过与当地的出行平台合作进入国际市场则成本相对较低。

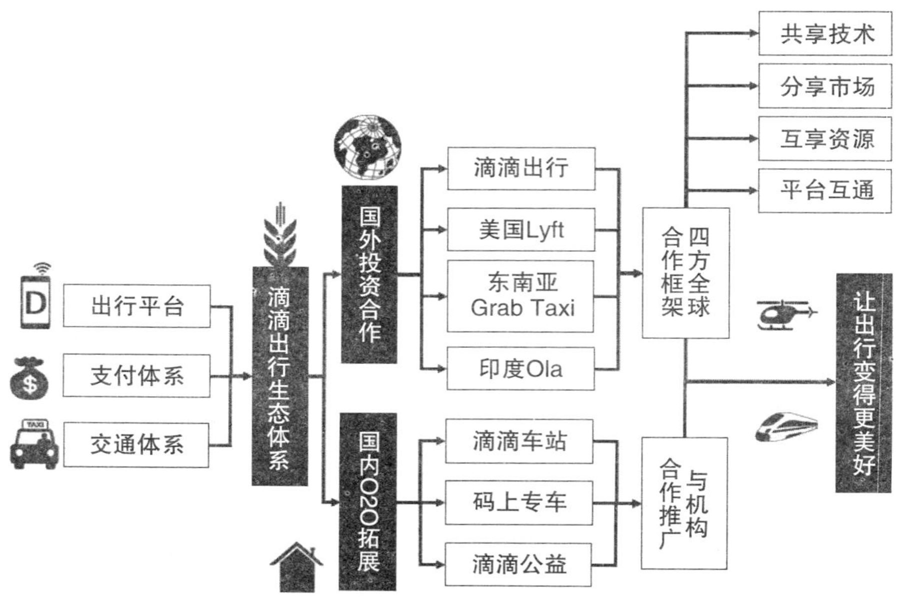

滴滴构建出行生态体系

国内：构建出行生态体系

就在滴滴出行加紧国际化布局的同时，滴滴出行在国内也加紧拓展O2O业务。他们在线上不断拓展业务线，在线下则与更多机构进行合作推广。

第一，与政府合作推广“滴滴车站”。2015年10月，首批“滴滴车站”在北京和上海两地上线。这种滴滴车站属于一种虚拟车站（即推荐上车点），这些虚拟车站通过GPS精准定位，让乘客自觉前往最近的车站等车，而附近司机也实现快速接载。2016年，滴滴出行计划在全国多个主要城市正式推出上万座线下车站。

第二，与地产平台合作推广“码上专车”“码上滴标”产品。

2015年，滴滴出行与乐居（房地产信息服务平台）共同打造了“码上专车”产品。用户扫一扫二维码即可自行定义出发时间，自行决定看房线路，变成了“VIP看房”。后来，双方又合作推出了“码上滴标”产品。滴滴出行在房地产项目所在地设立“滴滴车站”，让用户一叫专车，就可直达地产项目所在地。因为滴滴车站在腾讯地图、高德地图都有显著导航标识。

第三，与教育机构跨界合作，推出公益助学计划。2016年1月，滴滴出行与好未来教育就“出租车司机子女公益助学计划”达成合作，目的是给出租车司机的子女提供学习上的辅导，提供的教育课程涵盖了从小学到高中的所有课程。

通过多轮融资，滴滴出行目前的资金储备高达几十亿美元，有了这么多钱，该怎么花呢？

程维指出：“滴滴的愿景是构建立体智能化交通出行生态体系，打车、商务租车只是个开始，未来滴滴还不断推出新的出行服务，譬如拼车共享、私人代驾甚至是定制公交，延伸到旅行、高铁、航班等多个出行领域，最终真正实现滴滴所倡导的‘移动互联网让出行更美好’的品牌理念。”

滴滴出行总裁柳青则表示：“中国市场需求量依旧极大，客户的积累，大数据和技术的提高都将投入大量资金。我们已进入打造和维护出行生态圈的阶段。除了和金融、保险的合作，汽车市场也会是重点关注领域，滴滴出行不仅会成为O2O服务的入口，也会涉及整车买卖、租赁等。这些将主要通过投资布局完成。”

原来，滴滴出行是这样花钱的，他们通过投资合作，通过O2O拓展，一步步构建立体智能化交通出行生态体系。这有点像马云构建的阿里巴巴电商生态系统，在这个系统里，电商平台、支付体系和物流体系构成了铁三角，稳固支撑着阿里巴巴的“102年成长”。同理，在滴滴出行生态体系中，出行平台（出租车、专车、快车、巴士、代驾等）、支付体系（微信支付、支付宝等）、交通体系（出行、旅行、高铁、航班等），相辅相成，最终让“出行变得更美好”。

第7章

新战略：

我们面临着最艰难的挑战

我们是少有的在所有的领域都面临着最艰难挑战的创业公司，除了市场上最激烈的竞争，除了要处理最复杂的资本和巨头围攻的局面，我们还要面对最严厉的政策监管。

——程维

潮汐战略：整合专业运力和零散运力

早上，一轮红日从东海喷薄而出，海水顺势涨潮，波浪滚滚，像千军万马涌上海滩，气势磅礴。中午时分，烈日当空，海水退潮而去，就像布防士兵离战线而去，露出一片软绵绵、湿漉漉的海滩，那些落单焦渴的虾蟹，则惊慌失措地寻找大海。这就是潮汐现象，一般海水一天之内会出现两次涨潮和退潮，海水的涨落发生在白天叫潮，发生在夜间叫汐，所以也叫潮汐。这种潮汐现象与城市交通是如何扯上关系的呢？

潮汐战略：整合运力，分档出行

潮汐交通现象，指的是早晨进城方向交通流量大，而晚上出城方向交通流量大的现象。一些专家认为，在相关路段设置潮汐式可变车道，早晨的时候，让进城的车道变得更多，出城的车道变得更少；晚上的时候，让出城的车道变得更多，进城的车道变得更少。这就是潮汐交通的做法，根据需求重新配置道路资源，可更好地应对潮汐交通流。

这种潮汐交通的关键是设置潮汐式可变车道，这是一个庞大的市政工程，往往费时、费力、费财，所以让很多城市望而却步。为此，平台滴滴出行提出了潮汐战略，以应对这种城市潮汐交通流。

2015年5月，在“出行梦想”发布会上，程维首次对外正式公布滴滴出行六大出行O2O业务线，包括出租车、专车、快车、顺风车、代驾及公交。另外，他还提出了一种潮汐战略，旨在整合社会上的专业运力和零散运力，并通过分档运营手段，来灵活满足高峰期、贫峰期不同时段的民众出行需求。

那么，如何实施潮汐战略呢？在高峰期，滴滴出行提供分级、分档、多层次的出行服务满足广大乘客的出行需求，目标只有一个，就是快速出行，可以在出租车的基础上加大顺风车、快车、公交车等运力投入。在贫峰期，目标就是体面出行，滴滴出行会依据用户需求，加大专车、代驾等运力投入。

为了实现潮汐战略，程维对滴滴出行旗下的业务明确了发展目标。

在出租车业务方面，不断进化，实现100%应答。因为，在很多城市出行高峰期，滴滴出行出租车的应答率一般为40%。路上有太多乘客了，司机们还没有来得及在智能手机上抢单，素昧平生的乘客就一头钻进来了。为此，滴滴出行推出一个名叫“滴滴动力”的项目，希望未来所有的订单都是来自线上，让司机真正实现零空驶。同时，在出租车出行领域推出动态调价体系，以促进出租车行业服务升级，让那些服务好的司机获得更多的收入。

在专车业务方面，通过ACE（极致体验）增值服务，让乘客享受“帝王级别的出行待遇”，让普通乘客的出行更体面、更有尊严。在传统打车方式中，司机就是老大，乘客如果惹司机不高兴，要么被拒载，要么中途被赶下去。自从有了滴滴专车服务，乘客通过多花部分车费，就可以享受到ACE增值服务，体面出行。

在快车业务方面，滴滴出行仿效快捷酒店的理念来经营出行服务，一方面降低了车的标准（从中高档的豪车变成低档轿车），同时也降低了乘客的消费门槛。那些讲求速度，希望快速接载、快速到达的乘客，最合适坐快车，因为他们的时间是宝贵的，出行体不体面反

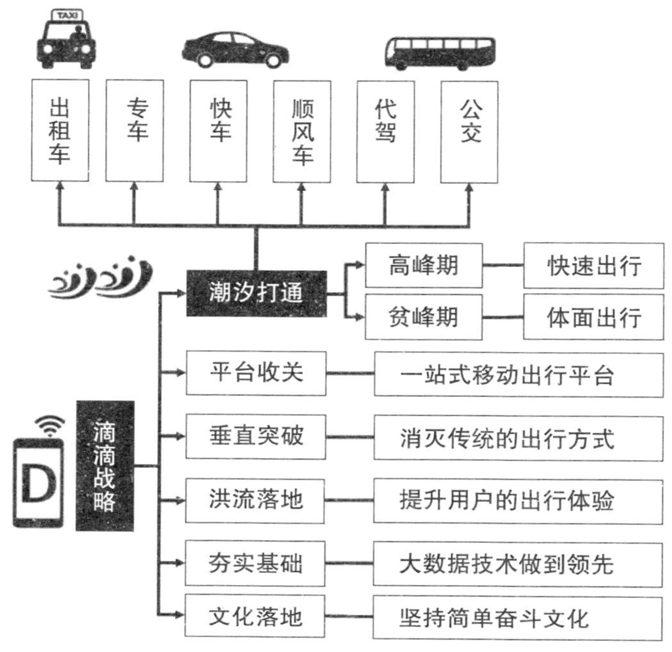

滴滴出行的潮汐战略

倒不是很重要。

在顺风车业务方面，滴滴出行倡导“共享出行”，运用C2C的模式实现绿色出行。程维说：“Airbnb在美国很成功，但是在中国把房子共享出去就没有那么成功。但共享一定是人类的未来，先从出行开始，先从解决日益尖锐的矛盾开始。”

做好潮汐、洪流和太平洋

后来，程维不断丰富和发展了这种潮汐战略，不仅要做好潮汐，还要做好洪流和太平洋。在2016年1月滴滴出行年会上，程维指出：“2016年公司有3个战略方向，原来我们就讲过，围绕着打造中国人领导的、全球最大的一站式出行平台，我们要做好潮汐、洪流和太平洋。我们的口号是：潮汐打通，平台收关，垂直突破，洪流落地，夯实基础，沉淀文化。”

所谓的潮汐打通，就是指滴滴出行所有的交通工具都必须打通，交易引擎是统一调度的，会推出统一的用户出行助手和智能调度。通过一站式出行平台，真正把所有的交通工具连接在一起，系统根据用户的特点和实时交通情况，像助手一样给他推荐最适合的出行方式，这就是智能调度平台的伟大之处。

平台收关，就是在出行平台上结束最后的市场争夺，锁定行业格局。将滴滴出行打造成一个中国人领导的、全球最大的、一站式的移动出行平台。目前，在中国打车市场上，滴滴出行、Uber、神州专车的争夺还很激烈，滴滴出行希望迅速奠定行业格局，就像“BAT”那样三分天下。程维说：“过去我们是几根伸出去的手指，今年要捏成一个拳头，变成一个强大的平台。”

垂直突破，就是业务、服务不断升级，改变传统的出行方式。滴滴出行要带领出租车行业进行服务升级，不断提高他们的工作效率。这是一项巨大的工程，因为接入滴滴出行平台的司机高达1400多万人，要提高这些司机的整体服务水平绝非一日之功。专车要把体面出行服务做起来；快车要追求速度服务；顺风车要把共享经济做好，让更多司机愿意把自己的车共享出来；企业版业务要服务更多知名大企业、大品牌；代驾要打更多漂亮的战役；巴士要探索市场化操作模式。最后让那些传统落后的路边打车方式变成过去。

洪流落地，就是从提升乘客体验转移到提高司机体验，因为司机也是滴滴滴出行的重要用户。现在，滴滴出行平台，还是一个手机应用，一个存在于移动互联网中的调度平台，滴滴出行需要把脚踩在地上，更接地气，真正服务1400多万名的车主，把O2O落地。为此，滴滴出行把2016年定义成“司机服务年”，从原来关注乘客的出行，到也关注司机的服务和司机的体验，一方面帮助司机群体改变他们的社会地位，另一方面帮助他们赚更多的钱。

夯实基础，就是加强团队修炼，不断增强团队凝聚力。只有团队修炼好了，才能提供更好的服务，才能把乘客的体验做好，把司机的服务做好，把大数据技术做到领先水平。

沉淀文化，就是坚持创业公司简单奋斗的文化，要抵制大公司最容易出现的官僚主义、形式主义、贪污腐败、脱离用户、浪费资源等问题。

程维所说的要做好潮汐、洪流和太平洋，就是要把所有的交通工具都连接起来，整合起来，激活社会上源源不断的运力资源。潮汐、洪流和太平洋，本质都是水，而滴滴出行的品牌内涵就是“滴滴之水，汇成河海”。有水的地方就有人，有人就有出行需求。过去，人们利用潮汐打无数的胜仗，利用洪流灌溉农田，利用太平洋展开跨国贸易。现在，滴滴出行是用互联网连接所有的交通工具，将出租车、专车、快车、顺风车、巴士、飞机等交通工具汇成一股巨大的海潮，以排山倒海之势推动着亿万乘客的出行，推动着时代的伟大变革，推动着大数据和人工智能的飞速发展。

程维说：“原来我们是叫一辆车，现在我们希望叫一个座位，出租车、快车、顺风车、专车都可以拼。过去的3年，滴滴是用互联网连接所有的交通工具，相信未来的3年，滴滴是用大数据和人工智能综合调动平台上所有的交通工具。我们希望能离‘让出行更美好’的梦想再近一步。”

“互联网+出行”冒着炮火前进

夏日的北京，骤雨初霁，烈日复出，水气蒸腾。苍穹之下，有一条宽大的护城河把故宫巧妙地保护起来，在高高的红色城墙里面，各种各样的建筑以青白石做底，以黄琉璃瓦为顶。各种宫殿沿着一条南北走向的中轴线排列，三大殿（太和、中和、保和）、后三宫（乾清宫、交泰殿、坤宁宫）、御花园都位于这条中轴线上，其他建筑则向两旁展开，左右对称，气势宏伟。

这里曾经是中国明、清两代皇帝的宫殿，象征着国家的安定和政权的巩固。由于参观人数众多，所以故宫实行每日8万人次的强制限流措施。2015年7月，很多滴滴专车都不敢载客人到这里来，并不是因为游客限流的原因，而是他们要躲避相关部门的查处。

滴滴专车被约谈

2015年7月，北京市交通委、北京市交通执法总队等8个部门再次约谈滴滴出行等专车平台负责人。这是滴滴出行第二次被北京相关部门约谈，第一次约谈是在6月。

在约谈期间，北京市交通执法总队查处了滴滴出行专车平台上约1500辆“非法运营”车辆。滴滴专车被约谈之后，各种风声不胫而走。像什么“违法组织客运经营”“逃漏税”“违规发送垃圾短信和广告”“导致道路交通拥堵”等标签都被强加到滴滴出行的身上。

程维说：“在这个行业里，我们以为可以很方便破冰，实际上我们碰到了很多困难。仅在北京，上半年我们的专车就被当成黑车抓了1500辆，在北京一个城市我们就被罚了2000多万元，我们在很多城市被宣布为非法，被约谈。”

滴滴出行有一个同事被多个部门联合约谈，当他回来之后，程维就问他：“怎么样？”

“还不错。”被约谈的同事苦笑着说。

“为什么？”程维觉得很奇怪。

“现场非常严肃，说我们违反了出租车管理条例，现在又没有关于专车的法律法规，所以只能当出租车管理，那我们这样做就是违法违规，非常严厉。”那个同事说，“可是拿到文件要签字的时候，我发现那里面严厉的内容都没有记上去，大部分还是鼓励我们发展的内容。”

专车为什么违法呢？第一，按照相关规定，从事按照乘客意愿提供运输服务并按里程和时间收费的出租汽车经营必须取得资质许可。因此，有关专车平台接入私家车和驾驶员未经许可擅自开展客运服务的行为均属违法行为。第二，根据《北京市汽车租赁管理办法》的相关规定，租赁车不允许给承租人配备驾驶员，且承租人不得转租车辆。因此，有关专车平台通过从租赁公司租赁车辆并配备驾驶员从事客运服务也违法。

滴滴专车被约谈事件，让人不禁联想到了19世纪英国的《道路（蒸汽）机车法》。很多人认为，当时的交通法令由马车利益集团阴谋操纵，对汽车进行打压，以避免马车被蒸汽机车取代。所以该法令成为利益集团阻挠科技创新的反面教材。

1801年，英国发明家特里维西克制造了全世界第一辆可载人高压蒸汽机车，当时取了一个恐怖的名字叫作“喷烟魔鬼”。19世纪60年代，蒸汽机车开始被用于道路交通，人们对于这种新生事物的态度变得越来越复杂。因为马车和蒸汽机车开始争夺十分稀缺的道路资源。

为了确保马路上的马车和行人安全，1865年英国议会出台了《道路（蒸汽）机车法》，规定凡是在公共道路上行驶的机动车必须有3名操作人员，除了司机和司炉之外还要增加1名专职红旗手。

这个红旗手是做什么的呢？在城市里的每个十字路口，红旗手要步行在车辆前方约55米的地方，手持一面醒目的红旗以提前警示前方的行人和马车：“小心呀！蒸汽机车要过来！”有时候，红旗手还要协助相向行驶的马车与机车在狭窄的道路上，小心翼翼地擦肩而过，机车应根据旗手的信号及时停车以确保马车和行人的安全。

此外，机车时速在城区外不得超过6.4千米，在城区不得超过3.2千米，似乎速度跟走路差不多，好让马车任性超车。该法令因为特别规定每辆蒸汽机车都要需要配备专职的红旗手，所以被戏称为“红旗法”。

当时，轰隆作响的蒸汽机车开上街头后，人们十分害怕马车产业会被蒸汽机车取代，于是马车行业会为了维护其利益派出很多说客，四处游说英国政府，通过了这令现代人匪夷所思的法令。该法令不仅增加了蒸汽机车的出行成本，还要求蒸汽机车处处让着马车，甚至要求蒸汽机车在城里的速度还不能超过马车的速度。所以，这部“红旗法”被蒸汽机车行业认为是一部阻扼科技创新的恶法。

程维说：“那时候英国交通最大的问题就是怎么样处理街上的马粪，结果他们花了几十年，还是没有改变。当蒸汽机车发明出来以后，他们制定的法令还要限制蒸汽机车的发展，但是没有什么能改变趋势。”

后来的事实证明，又快又便捷的蒸汽机车在全世界范围内获得迅速普及和推广，而当时人们极力保护的马车却渐渐退出了历史舞台。

勇敢向前进

曾经有段时间，专车与出租车之间打得难解难分，有些城市甚至出现了出租车司机打砸专车的事件。未来，到底是互联网专车获胜，还是传统出租车获胜呢？我们只能说，只有顺应时代发展潮流的事物才不会走向灭亡。这就好比网店与实体店之争、微店和网店之争。马云曾说："传统零售行业和电商的战争，说难听点，就像在机枪面前，太极拳、少林拳是没有区别的，一枪就把你崩了。"

滴滴出行自从创立以来，锐意进取，创新不断，在很多方面都走在别人的前面，所以他们一直受到最严厉的政策监管。

程维说："我们是少有的在所有的领域都面临着最艰难挑战的创业公司，除了市场上最激烈的竞争，除了要处理最复杂的资本和巨头围攻的局面，我们都还要面对最严厉的政策监管。

"我们必须要把现有的车辆整理好，提供好的、便宜便捷的第三方出行服务，让大家有一个出口。在车辆有限的情况下，人还在增加，路不会再增加了，所以车的总量就会被控制了，在车辆有限的情况下提高每辆车的效率，做好顺风车，做好拼车，做好巴士，能够让我们的城市可持续发展，让我们的城市效率变得更高。

"这一点是未来的趋势，我永远相信互联网是为解决交通问题提供了一个历史性的机遇，我永远相信未来一定是属于市场化的，一定是属于分享经济的。所以我们要一起加油，一起推动改革，不管受到

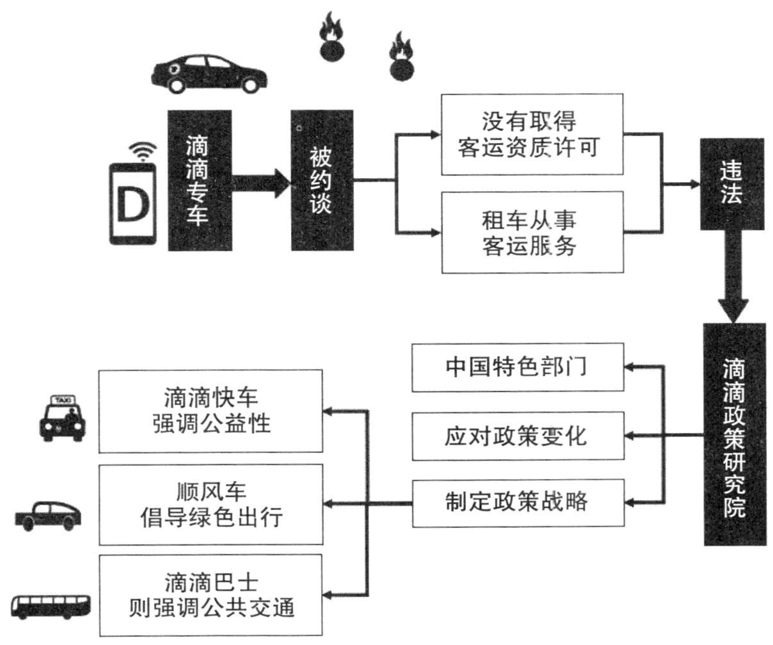

滴滴勇敢向前进

什么样的挑战，我们都要有信念，义无反顾。”

为了持续创新而不踩政策红线，滴滴出行在2015年5月就成立了滴滴政策研究院。这个政策研究院专门帮助公司来应对相关部门的政策变化，并协助高层制定政策层面的发展战略。可以说，这是一个具有典型中国特色的部门，像美国Uber这样的外来公司是不会理解的。出任滴滴政策研究院院长的张贝，原是国家交通部道路运输司出租汽车管理处副处长。相比美国Uber来说，滴滴出行显然更了解中国国情和政府关系。

滴滴政策研究院成立之后，在宣传方面，滴滴快车的最大特点在于强调公益性，顺风车则倡导绿色出行的概念，滴滴巴士则强调公共交通。滴滴出行在宣传口径上既不能违背现有的相关规定，也不能少了自身的创新点。张贝说：“出租车行业在受到新的产业挑战的时候，司机们也需要接受这个变化。换句话说，也就是用互联网来倒逼这个行业转型升级。”

虽然滴滴出行渐渐被人们接受，但是这种新生事物暂时还属于无法可依的状态，所以程维也感到很无奈：“打车软件开始也是违法的，在很多城市我们都受到各种各样的限制，但是后来交通部不但宣布了打车软件合法，而且鼓励各地使用打车软件。我们也看到，上海、义乌等很多地方愿意跟我们一起发展这个业务，我们对未来还是有信心的，勇敢向前进。”

专车服务让更多用户放弃私家车

2016年1月的一天，河南郑州遭遇雾霾，天空灰蒙不堪，让人感到沉闷压抑。太阳被层层雾霾笼罩，显得暗淡无光。一座座高楼大厦像风尘仆仆的来客，在冷寂中无奈地等待着，等待着老天能降下好雨，以洗去它们身上厚厚的尘埃。街道上各种各样的机动车纷纷亮起了车灯，嘀嘀作响，四处奔跑，就像萤火虫一样急切寻找着新的出路。不少市民戴起了口罩，在雾霾中穿行。

雾霾袭城怎么办？

不只郑州，当月在中国很多地方都出现了不同程度的雾霾天气。2016年1月，中央气象台发布了雾霾黄色预警、大雾橙色预警，在北京、天津、河北、山东、河南、陕西、安徽、江苏、湖南、黑龙江、辽宁、四川等地都有大雾，部分地区还出现能见度小于200米的强浓雾。

机动车的增多，是造成全国大范围雾霾的罪魁祸首。据统计，截至2015年年底，全国机动车保有量高达2.79亿辆，其中汽车1.72亿辆，北京、成都、深圳、上海、重庆、天津、苏州、郑州、杭州、广州、西安等11个城市的汽车保有量均超过200万辆。

每天，在车水马龙的街道上，各种机动车呼啸而过，一股股废气从机动车尾部喷出，汇入空气中。汽车尾气含有大量的污染物，包括固体悬浮微粒、一氧化碳、二氧化碳、碳氢化合物、氮氧化合物、铅及硫氧化合物等。这种气体不仅气味怪异，而且令人头昏、恶心，严重影响人的身体健康。这些污染物在空气中与水蒸气凝结之后，就会形成漫天雾霾重降人间，笼罩一切，吞噬一切。没有雾霾的生活，似乎成了城里人的一种奢望。

雾霾袭城怎么办？不少汽车企业研发了新能源汽车、纯电动汽车，但销量并不是很理想，因为很多人还是喜欢动力强劲和广泛普及的内燃机动车。滴滴出行的出现，让人们看到了治理雾霾的新希望，因为滴滴出行平台通过智能调度、共享经济，解决了亿万群众的出行问题，让更多用户放弃了私家车出行。

程维说："这3年的时间互联网结合交通，带来了非常多的转变，滴滴是一家致力于解决老百姓出行难，通过互联网和共享经济的模式，缓解交通拥堵和雾霾的一家互联网公司。3年前我们成立的时候，看到衣、食、住都有互联网公司介入，只有行还没有。

"现在，在一个城市里面，没有办法打车，只靠公交、地铁出行，感受都不是非常好。如果你想买一辆车，不仅限号、限行、限购，车到了地方又遇停车难。一方面老百姓出行难，另外一方面主管部门也难。城市飞速发展，建了很多的环城公路，绝大多数的人买车，都是一个人一辆车出行。"

根据程维的规划，滴滴出行用专车服务取代私家车以减少机动车数量，用顺风车服务减少人们自驾的频率以实现绿色出行，用拼车服务降低拥堵。程维说："我们推出了专车服务，希望出行领域的服务变得有价值，用户用价值奖励一些服务好的司机。我们推出了顺风车服务，希望号召大家减少甚至放弃独自驾驶，希望出行的时候，能顺便捎上一个顺路的朋友。我们推出了拼车服务，希望未来的出租车，

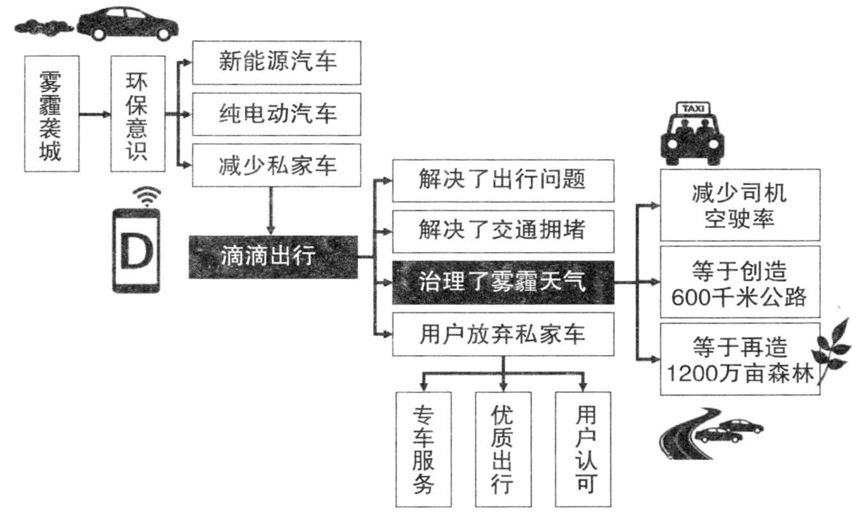

专车服务让更多用户放弃私家车

就像公交车一样在城市里面永不停止地穿梭，可以把用户拼在一起，下去一个上来一个，不停流转，减少拥堵。”

现在，滴滴出行这家新兴的互联网公司，正在向交通拥堵和雾霾天气宣战，最终将成为一家伟大的公司。正如马云所说：“机会在没有形成机会的时候，才是真正的机会，形成机会以后，往往是灾难的开始。今天的雾霾是企业巨大的机会，如果改变了雾霾的现状，改变了中国的环境，你有可能是未来30年最了不起的企业。”

滴滴专车PK私家车

2016年2月，滴滴出行发布了2016年元旦期间郑州滴滴用户的打车数据。郑州各大商圈打车流量排名前三位的依次是中原万达、二七万达、国贸360广场。由于雾霾袭城，很多郑州人的环保意识不断增强，他们开始选择使用滴滴出行打出租车、叫专车、拼顺风车出行，而不是像以前那样选择一个人开着一辆车出行。可以预见，随着滴滴出行不断发展，未来将有越来越多的中国家庭放弃私家车出行，互联网约车服务将会不断秒杀私家车。

在美国这个仅有3亿人的国家里，其汽车保有量就高达2.2亿，每百户家庭就有超过200辆汽车。

由于面积广大，所以美国人的生活不可能离开车。在美国诞生了影响全球的三大汽车品牌（通用、福特、克莱斯勒），还创造了汽车之城底特律，诞生了光怪陆离的汽车文化，包括坐在车里看电影的汽车电影院、专为司机们设计的麦当劳餐厅“汽车穿梭窗口”，还有遍布美国的汽车旅馆、房车露营地。

不过，美国Uber在2009年兴起之后，越来越多的美国年轻人放弃了学驾照，这也就意味着很多家庭渐渐放弃了私家车出行。

在美国得克萨斯州，有一名男子以自己一个月的经历证明了用Uber打车比自己开车要省钱。对于美国很多在郊区长大的孩子来说，能利用Uber叫车已经成为一种时尚的出行方式。据密歇根大学交通研究中心的一份研究报告，美国人现在16岁有驾照的比例已经下降到28%，而这个比例在1983年的时候是46%。虽然在美国学驾照几乎相当于免费，但是越来越多的美国年轻人已经开始不感兴趣了。

美国人利用Uber专车出行，一方面可以节省出行成本，另一方面也扩大了交际圈，所以变成了越来越多的美国年轻人不买车的理由。目前，中国很多家庭对私家车还是趋之若鹜，认为那是优质生活、身份和地位的象征，在一票难求的春运期间更显得私家车的重要性。不过，滴滴出行已经让不少中国家庭发生了巨大的改变，从驾驶私家车出行，变成了叫车出行。

相信中国家庭在经过对私家车的一阵狂热追逐之后，将会重归理性消费，更加注重环保出行。因为，在中国学驾照的成本越来越高，即使学员考到了驾照、购置了私家车，今后还会长年累月地产生无穷无尽的费用，包括保养、保险、油费、停车费等。而用户采用滴滴出行叫车，就不会产生这么多隐性的费用，只要每次交车费就行了。

在上海媒体的一次沙龙活动上，程维说："专车就是要有相匹配的服务，滴滴专车的司机都受过严格的培训，考试合格才能上岗。为用户提供更好的服务，这是滴滴的一个明显优势。也正是因为如此，滴滴专车自上线以来，就受到用户普遍关注与认同。滴滴专车的出现，使人们更好地体验到了优质的出行服务，也使人们的出行更有计划。这一出行方式，未来将使人们更方便地出行，会得到更多人的喜爱，也使他们放弃私家车，用上商务专车，这对改善城市的拥堵情况将起到积极的作用。"

经过多年的精耕细作，滴滴出行的社会效应已经变得越来越明显，全国1400多万的司机在使用滴滴出行打车软件之后，所减少的空驶率，相当于创造了600千米以上城市一级公路，而每一年减少的汽车尾气则相当于再造了1200万亩原始森林。

或许，很多中国家庭还在纠结，到底是拥有私家车好，还是享受专车服务好？对此，滴滴出行只能通过不断提高出行体验、不断提升服务水平，来消除广大用户的担心和疑虑。程维高兴地说："无论刮风下雨，用户随时都可以让车子停在家门口（出租车、专车、快车、顺风车等档次随便挑），不用担心路上打不到车（全部用手机预约），不用担心钱包落在车厢里（全部用手机支付）……"

滴滴获得全球首张互联网专车牌照

2016年1月29日，“2015十大经济年度人物”颁奖典礼在北京隆重举行，十位知名企业家齐聚在镁光灯下，备受关注。其中，程维手捧“中国梦杯”，感慨万千。

获得“十大经济年度人物”奖

“中国梦杯”上那三只向上渐变的天鹅，越飞越高，寓意着经济年度人物一飞冲天，一鸣惊人，这寓意在程维身上更显得恰如其分。几年前，名不见经传的程维还在阿里巴巴打工，当时中国还没有滴滴出行，人们还在路边艰难打车。经过几年的高速发展，在创业团队的拼搏下，滴滴出行成长为中国最大的一站式移动出行平台，让亿万用户实现用智能手机叫车，真正颠覆了传统的出行方式。

除了程维之外，“2015十大经济年度人物”的获奖名单，还包括茅台集团董事长袁仁国、万科集团总裁郁亮、美的集团董事长兼总裁方洪波、携程旅行网联合创始人兼CEO梁建章等十位知名企业家。相比那些奋斗几十年的企业来说，程维创立的滴滴出行才几年，尚显稚嫩。但是，互联网企业的发展速度是很快的，并不能运用其他行业的逻辑来思考。

程维说："我们还要记住我们是很年轻的创业公司，最近有很多光环，很多关注。我虽然获得了2015年的'十大经济年度人物'，但内心有非常强烈的敬畏之心，是很惶恐的。我看到了非常多的企业家、很多的企业干了三四十年，我觉得我们还有太多的事情还是在路上。希望我们能够一起敬畏我们的用户，今天我们还没有把服务和体验做到极致。"

虽然获得了"十大经济年度人物"，手捧"中国梦杯"，但是程维没有忘记自己的创业梦想，就是让出行变得更加美好。程维说："滴滴还是一家创业公司，在市场竞争最残酷的行业里我们面临着相对不确定性和严厉的监管，资本汹涌澎湃，滴滴九死一生，我相信未来还有很多的挑战，但是我永远相信互联网是解决交通问题的历史性机遇，我永远相信未来是属于市场化和分享经济的。所以，我绝对不会放弃让出行更美好这个梦想。"

在此之前，滴滴出行已经获得了国内首张网络约租车（专车）平台经营许可证，从此滴滴出行有了合法身份。

2015年10月，在由中国互联网协会、滴滴公司主办的"共享经济下的约租车（专车）模式上海创新和探索"研讨会上，上海市交通委正式宣布向滴滴出行平台颁发首张网络约租车（专车）平台经营许可证。在不确定性和严厉的监管环境中，上海市颁发的这张经营许可证具有重要的历史意义。

因为这是国内第一张专车平台的资质许可证，也是全球首张互联网专车牌照，滴滴出行也成为国内第一家获得网络约租车资质的公司。程维高兴地说："上海网络约租车平台经营许可证，是中国乃至全球范围内颁给网络约租车平台的第一张许可证，无论是对城市出行还是对中国移动互联网发展来说，这都将是一个里程碑。"

这张经营许可证表明了政府和业界对交通领域移动互联网创新的肯定和认可。近几年，互联网打车软件行业风起云涌，上海最终以开放的胸怀拥抱了这种变化。

“互联网 + 出行”诞生于北京，发展至全国，最后在上海实现合法化。在推动专车合法化进程中，上海市政府表现出了极大魄力和创新举措。滴滴出行获得首张网络约租车（专车）平台经营许可证，表明不仅网络预约出租车合法了，就连备受争议的网络预约专车也合法了。网络预约专车合法化了，专车司机不再被误解为是“黑车司机”了，以前那些曾经打砸专车阻挠创新的少数出租车司机也只能拥抱变化，变革图存了。

程维说：“首张网络约租车（专车）平台经营许可证将对广大专车司机、乘客及整个城市出行领域产生积极和正面的影响，不但有助

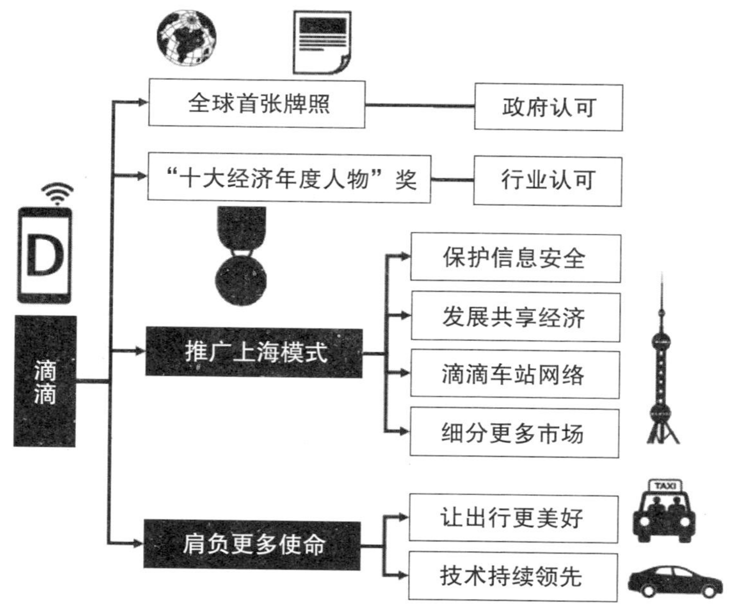

滴滴要肩负着更多的使命

于优化城市交通运行环境，提高行业安全运营水平，提升整个出行行业的服务质量，也将更好地通过专车平台为民众提供便捷、多样的出行服务，乘客可以放心舒心地乘坐专车出行，而数以百万计的专车司机们也可以安全放心地开专车，城市出行将变得更加快捷高效。”

肩负着更多使命

有人将上海政府支持滴滴出行发展，比作当年杭州政府支持阿里巴巴发展。这些都是政府保护先进生产力的典范。

十几年前，阿里巴巴融资成功后，曾将总部从杭州搬到上海，结果发现水土不服，最后又撤回杭州。当时，阿里巴巴之所以在上海待不下去，是因为其服务对象主要还集中在民营企业，而上海的城市气质是欢迎大型国企和500强外资企业，民营企业发展机会少，政府支持发展的相关政策也不是很明朗。

杭州则恰恰相反，浙江聚集着大量的民营制造业外贸企业，他们有着实实在在的电子商务需求，同时杭州政府大力支持阿里巴巴发展。在不同历史时期，杭州政府与阿里巴巴签署了一份又一份战略合作协议，将电子商务作为城市重点发展方向，最终让杭州变成了“中国电子商务之都”，就连“互联网+”国家战略的首个落地项目也选择了杭州。2015年3月，阿里巴巴和上汽集团在杭州共同出资10亿元成立国内首个“互联网汽车基金”，组建合资公司，全力研发互联网汽车。

在PC互联网时代，上海失去了阿里巴巴；在移动互联网时代，上海可不想再失去滴滴出行，所以他们这次抓住了机遇，率先支持滴滴出行发展，颁发首张网络约租车（专车）平台经营许可证。这对其他城市产生了良好的示范作用。

乘此东风，滴滴出行迅速与更多地方政府沟通推广类似“上海模式”的合作。这种“上海模式”的合作内容，主要包括以下几个方面。

第一，保护用户信息安全。滴滴出行已经在上海试点的“海鸥滴滴”，将以技术创新为约租车司机和车辆提供信息管理服务，保障乘客和司机的数据和安全，向公众和政府负责。

第二，发展共享经济。滴滴出行通过智能调度平台，进一步发挥共享价值，让劳动者付出有回报，让乘客有服务保障。

第三，建立线下滴滴车站网络。滴滴出行十分注重以人为本，通过设立滴滴车站等方式解决老年人打车难和密集区域出行难的问题。

第四，细分更多市场。针对不同城市的特点，滴滴出行将通过创新开拓更多细分市场，建立更加个性化的服务体系，以更好地服务亿万用户。

滴滴出行获得了首张网络约租车牌照就是获得了当地政府的认可，程维获得了“十大经济年度人物”奖杯就是获得了行业的认可。程维似乎已经是功成名就，但他继续带领着滴滴出行的创业团队怀着敬畏之心，且行且珍惜。在未来的征程中，无数的小桔人将始终牢记“移动互联网让出行更美好”的使命，恪守着“简单开放、激情做人、独立思考、极致执行、拥抱变化”的价值观，因为他们要肩负着更多的使命。

在2016年1月滴滴出行年会上，程维说：“今天的滴滴变成了一个中国互联网发展的奇迹。我们参加了中美互联网论坛，参加了乌镇互联网大会。我们一定要相信未来十年依然还是属于科技，属于互联网，属于信息产业。我们不仅仅是肩负着我们的使命，也肩负着未来国家持续领先的使命。我们希望自己持续引领中国的互联网企业。”

附　录

滴滴大事记

2012年

6月6日，北京小桔科技有限公司成立，开始运作打车软件。

9月9日，嘀嘀打车上线。

10月28日，版本1.1跟随苹果iOS操作系统推出新版本，增加了出租车到达的即时信息推送和一键重复发送功能，简化了注册流程。

12月，嘀嘀打车获得了A轮金沙江创投300万美元的融资。

12月2日，版本1.2开通了预约功能，可以即时预约明天乃至后天的出租车。增加了加价功能，在高峰期或者不好打车时，提供了加价方式来提高叫车的成功率；省掉了注册和登录流程，让用车更加便捷。

12月18日，版本1.3增加了呼叫等待功能，高峰期可以延长等待时间，预计提升40%的叫车成功率；优化了软件的启动速度。

2013年

4月，完成B轮融资，腾讯集团投资1500万美元。

10月，艾瑞咨询发布打车软件行业报告，嘀嘀打车中国市场占有率为59.4%，超过其他打车软件中国市场份额之和。

12月，入选中国区“APP Store 2013年度精选”。

2014年

1月，与微信达成战略合作，开启微信支付打车费“补贴”营销活动。

1月，完成C轮1亿美元融资：中信产业基金6000万美元，腾讯集团

3000万美元，其他机构1000万美元。

2月4日，嘀嘀打车CEO程维在年会上宣布，COO柳青正式出任公司总裁，将负责公司更多日常业务运营。

2月23日，凌晨至下午5点，全国范围内出现了使用打车软件叫车，但未能进行微信支付的情况。之后，嘀嘀打车对受到影响的用户进行补偿，每单赔偿12元。

3月，用户数超过1亿人次，司机数超过100万人，日均单达到521.83万单，成为移动互联网最大日均订单交易平台。

5月20日，“嘀嘀打车”正式更名为“滴滴打车”，寓意“滴水之恩，涌泉相报”。

7月9日，滴滴打车软件再出新规，全面取消司机端现金补贴。

8月，滴滴专车上线，进军商务用车领域。

10月，与中国妇女发展基金会联合发起“粉爱行动”，成立粉爱公益基金，关爱女性出行。

11月，《2013—2014年中国移动互联网调查研究报告》显示，过去半年滴滴打车的用户使用率高达74.1%，持续领跑行业。《移动打车应用行业报告》显示，滴滴打车用户月活跃量居首位。

12月，完成D轮7亿美元融资，由国际知名投资机构淡马锡、国际投资集团DST、腾讯主导投资。启动亿元专车品牌推广，滴滴打车温情路线广告短片《今天坐好一点》刷爆微信朋友圈，一小时参与用户达3000万，视频点击过千万。“滴米”调度系统正式上线，通过大数据优化出行体验，“双十二”实现90%的打车成功率。

2015年

1月，滴滴打车推出企业出行服务，主要为国内4000万中小企业提供商务用车服务，简称“企业版”。

1月17日晚，“2014腾讯应用榜样——应用宝星APP之夜”在北京举行，滴滴打车获评年度“最具突破出行APP”。

2月14日，滴滴打车与快的打车进行战略合并，新公司名称未定（媒体称其为滴滴快的），开启中国移动出行市场发展新阶段。新公司实行联席CEO 制度，业务依旧各自独立。

4月，滴滴打车推出顺风车服务，并推出跨城行程拼车服务，方便广大车主出租空余的座位。

4月15日，济南滴滴专车车主陈超受罚后上诉案在济南市中区人民法院开庭审理，这是全国首例因为提供专车服务受到行政处罚的案件。

5月13日，北京、天津、广州、深圳、成都、重庆、武汉、杭州等8个城市上线公益性搭车服务“滴滴快车”，最低价每千米不足1元，乘客有望因此大幅降低出行成本。例如，在广州和杭州的里程单价只要0.99元/千米，时长费最低仅需0.2元/分。

6月1日，滴滴打车推出拼车服务“滴滴顺风车”。

7月6日，滴滴打车内测“合乘拼车”系统。该套系统将作为滴滴打车的底层构架，在出租车、专车及快车等所有滴滴的服务内上线。通过这套系统，出租车、快车、专车上的每个座位都将成为独立的可售资源。

7月13日，滴滴打车和西安航空飞行体验中心签署合作协议，双方联合推出“一号专机”，乘客可以用手机叫飞机出行。

7月15日，滴滴打车推出巴士业务“滴滴巴士”，整合各类客车、巴士资源，极大方便乘客定制公交、智能班车和校车等业务。

7月16日，“滴滴巴士”正式在北京、深圳上线运营，用户可在“滴滴巴士”微信公众账号内直接购票乘坐。

7月23日，北京市交通委运输管理局、发改委、工商局、国税局、通信管理局、网信办等8个部门共同约谈“滴滴快的”“Uber”平台负责人，要求就其组织私家车、租赁车从事客运服务，涉嫌违法组织客运经营、逃漏税、违规发送商业性短信息（垃圾短信）和发布广告等行为限期整改，严格遵守《中华人民共和国价格法》相关规定，依法合规经营。

7月28日，滴滴快的推出代驾服务，消费者可以通过滴滴打车、快的打车的APP来体验代驾服务。

9月9日，滴滴快的宣布完成总计30亿美元的新一轮融资。同天，滴滴打车进行全面品牌升级，更名为“滴滴出行”，并启用了新的标识和APP。

10月8日，在“共享经济下的约租车（专车）模式上海创新和探索”研讨会上，上海市交通委正式宣布向滴滴快的专车平台办理网络约租车平台经营资格许可。这是国内第一张专车平台的资质许可，滴滴快的也成为第一家获得网络约车租车平台资质的公司。

12月，滴滴出行推出滴滴试驾业务，主要向终端用户提供试驾和卖车服务。

12月8日，滴滴出行北京总部遭到大量出租车围堵抗议。部分出租车司机向媒体表示，滴滴出行等打车软件以“专车”等形式鼓励私家车进行营运，破坏了市场秩序，损害出租车司机的利益。

2016年

1月11日，滴滴出行公布2015年订单数，声称超过Uber成立6年累计的10亿订单数：“在过去一年里，滴滴出行全平台（出租车、专车、快车、顺风车、代驾、巴士、试驾、企业版）订单总量达到14.3亿单，这一数字相当于美国2015年所有出租车订单量（约8亿单）的近两倍，更是超越了已成立6年的Uber刚刚在去年圣诞节实现的累计10亿订单数。”滴滴出行战略负责人朱景士曾在11月的公开演讲中称，滴滴出行花了不到对手1/4的钱就保持了这个体量。

1月26日，招商银行、滴滴出行联合宣布双方达成战略合作，未来将在资本、支付结算、金融、服务和市场营销等方面展开全方位合作。

2月17日，2月1日至14日春运期间，使用滴滴专车(不包括快车)接送机业务的人数超过120万。

3月19日，滴滴出行全平台日订单首次突破1000万，相当于每秒完成115个订单。

4月，滴滴出行创始人兼CEO程维入选《财富》杂志（中文版）“2016中国最具影响力的50位商界领袖”排行榜，名列第十，是最年轻的入选者。

6月16日，滴滴出行完成新一轮45亿美元的股权融资，投资方包括苹果公司、中国人寿、蚂蚁金服等。

6月28日，滴滴出行在京举办“出租车与网约车融合发展”研讨会，表示将投入1亿元建立网约车和出租车融合发展基金。

8月1日，滴滴出行与Uber达成战略协议，将收购并运营Uber在中国的品牌、业务、数据等全部资产。

8月30日，滴滴出行携手应用宝送出价值500万元的滴滴打车券，让莘莘学子子回校路途更加舒适。

9月8日，富士康子公司鸿准精密模具有限公司宣布向滴滴出行投资1.199亿美元。

9月22日，滴滴出行首届“全国十大司机”评选揭晓，当选司机中既有专车司机、快车司机，也有代驾司机、出租车司机。

11月，滴滴出行创始人兼CEO程维入选《财富》杂志“2016年度全球商业人物”排行榜，名列第八，为上榜华人企业家之首。

2014年滴滴哪三大战役震撼了业界
——2015年2月4日程维在“2014年度滴滴年会”上的演讲

此时此刻，我的内心充满了感激，2014年是滴滴非常不平凡的一年，我们开创了非常多的纪录。感激所有加入滴滴大家庭的人，今天我非常荣幸和大家一起分享这一年来我们的成绩。这两年半的时间里我们一起迎接了整个中国互联网最残酷、最激烈的竞争。这两年的时间里，我们一直处在风口浪尖上，面对各种争议，无数人挑战我们，质疑我们，是因为在座的每一个人让我们活到了今天，让我们还继续坚持我们的梦想，大家都是最棒的。但是今天我坐到这个地方的时候，我突然之间不知道从何说起了，这种感觉可能就像女生一辈子盼着结婚，但是等到出嫁那一天的时候就只会傻笑了。

2014，滴滴的4份感谢：时代、司机、用户和员工

但是我内心最真实的声音，第一个还是感谢。首先，我们要感谢今天我们所处的这个时代，正是因为移动互联网大潮，才有了今天的我们，正是因为互联网行业还存在问题，所以我们才有机会去解决这些问题。

其次，我要感谢的是广大支持我们的司机师傅，是司机们的鼓

励给了我们努力下去的信心。曾经有一位司机跟我说当时的滴滴不好用，是小桔人让他相信了我们的真诚。因为这份信任、这份期待，我们内心才有力量。我们的司机朋友，很多是在四个车轮上承载着一个家庭的希望，很多司机就靠干出租养家养孩子，还要供一套两套房。是这些司机对于更美好生活的期望，给了我们这么多的动力。

此外，我们都经常去APP Store看用户评论，对于我们做得不够好的地方很多时候让我汗颜。其实，每一个用户发出的都不仅仅是一个订单，他们发出的更是一个期待，一个希望，他们希望能够及时被响应，哪怕节省一分钟也能提高一天的工作效率。所以，我们就经常在思考如何让乘客找车的时候更方便一点，如何让爽约率更低一些。我们要时时怀着对用户的敬畏之心。

两年半的时间，不知道在我们身边发生了多少为这个梦想拼搏而放弃自己舒适生活的案例。我们有很多的线下兄弟，随着我们南征北战，很多都是为了滴滴把老婆、孩子送回老家，自己一个人在外面奋斗，有非常多的兄弟两三年的时间里面换了五六个甚至六七个城市，为的就是开拓一片市场。大家都是好样的。正是因为所有人的付出，能够和这么多这么好的兄弟一起战斗，我终身无悔，谢谢大家！

2014，滴滴改变中国互联网的3次创新

2014年是滴滴非常不平凡的一年。如果说2012年是滴滴是小桔诞生的年份，2013年是滴滴发展的年份，那么2014年就是滴滴横空出世、快速崛起、爆发式发展的年份。这样的一个年份里，我们从头到尾做了3件震惊业界的大事，第一是年初的补贴大战，补贴大战本质上

并不是一场营销的战役，它其实是一场产品的战役，我们希望让我们的平台里面接入支付，我们希望从一个信息平台变成一个交易平台，我们希望除了改变大家的叫车习惯，也能改变大家的支付习惯。是我们的产品团队在很短的时间里重新改良了整个支付的流程，对于司机最关心的到账时间问题，我们用很有创意的方法设立中间账户，在乘客付款后的一秒钟到账。这一年大家都是蛮拼的，再次感谢大家！

年初的时候，我们干的第二件事情是滴滴红包。红包是产品创新，它在去年年底被微信推出之后就在那里了。没有哪一家企业像滴滴这么渴望把营销做到极致，没有哪一家企业像我们这样挖空心思地思考怎么把红包这个工具应用起来，在我们做了半年之后，整个朋友圈被我们一轮又一轮的红包覆盖之后，整个互联网业界开始觉醒过来原来可以这么做，下半年很多企业过来问我们怎么做红包，寻求跟我们合作。这个取决于大家的独立思考和产品的创新。

我们在下半年的时候，推出了滴滴红包的品牌广告。我们比微信更早地实现了朋友圈的商业化。8月19号，我们的专车上线了。就是在这一个年度里滴滴第三次靠创新改变整个互联网，这一次的影响更加重大和深远。对滴滴而言，它首先是一次多元化的挑战。滴滴能不能赢，这件事情也有很大的挑战，除了政策之外，在业务推动上我们着实下了不少功夫。

上两个礼拜的时候，我们推出了滴滴的第三个业务——企业出行。企业出行是滴滴的再次创新，我们很多的兄弟都从原来的岗位调整过来，很快地在企业出行里面开始工作。他们从接到命令到上线只花了两个多月的时间，这是一个奇迹。

滴滴的大梦想：中国最大的一站式在线出行平台

前段时间有朋友跟我说，他很羡慕滴滴，因为滴滴有一个大大的梦想。他说他也很羡慕我们，我们站在当下整个中国互联网，甚至是整个中国经济舞台的正中央，我们在接受考验，接受挑战。他羡慕我们的速度，很多企业一生之中都不会有我们一年这么多的创新、挑战，但是我们都遇到了。我们无比坚信今天移动互联网的力量会像改变出租车、改变专车一样，一个一个地渗透到每一个出行的领域，所有跟出行相关的交通工具都会被互联网整合起来，会有一个大的平台。所有的用户在城市里面把出行需求告诉它就够了，它会整合所有的交通工具，帮你安排好、导航好，快速到达你的目的地。未来3年，我们的目标就是要打造中国最大的一站式在线出行平台。

我们相信，通过我们的努力，公交出行等领域都将会被互联网化。我们也相信，在未来最大的互联网公司里面，我们会跟电商、社交、餐饮并列，成为中国最大的出行平台。

2014年无疑是波澜壮阔的一年，2015年挑战一样不会小。2015年是滴滴打车到滴滴出行变化的一年，这一年我们要从一个工具变成一个平台，并且初步建设围绕着滴滴出行平台的生态体系，我们要有开放的精神、协同的能力和建设系统的能力，去重新构建整个出行的生态圈。我们希望2015年是我们出行企业崛起，是我们滴滴崛起的一年，明年的主要舞台是你们的。

2015年也是我们的组织变革年。绝大多数的公司，如果完成了这样的组织变革，有了一个很好的根基，未来5年、10年的发展那就上了一个好的轨道。所以，辛苦我们的HR、行政团队把滴滴的根基打好，明年将会成为一个代表中国、代表移动互联网的这样一个伟大的公司奠基的一年，我们也给他们一点掌声。

滴滴任命COO柳青为公司总裁

今天在这个舞台上面，我还想宣布一个任命，从即日起公司决定任命COO柳青为公司总裁。希望滴滴能够成为一个代表中国年轻一代，成为一个代表出行的世界级平台和世界级公司，我们不断地吸纳、融入世界顶级的人才。柳青来到滴滴这半年的时间里便完成了整个中国非上市公司最大的一笔融资7亿美元，在过去的一个月时间里有17家风投选择了投资滴滴。这个是柳青多年在国际投行经验里面水到渠成的结果。

更重要的是在这半年的时间里，她带领着我们的专业团队披荆斩棘，带领着我们在一波一波的浪潮里面站稳脚跟，表现出了非常强的对业务和对团队的控制力，当然在我心中最重要的理由还有，柳青是一个正直、真诚和值得托付的人。未来柳青会把精力主要放在负责公司日常业务运营上面，会逐步地把很多业务规整到一起。

大家昨天在朋友圈里面传一张照片，我穿了一件袈裟，然后他们问我说你要唱《法海不懂爱》吗，今天的这个年终大聚会绝对比以前的那个更疯狂。

同学们，时刻记住我们的使命、我们的梦想——“移动互联网让出行更美好”；时刻记住为什么我们能走到今天——我们身上最重要的小桔人的精神，我们的价值观，我们的简单、开放、激情，我们的独立思考，我们的极致执行，我们的拥抱变化。2015年开始了，祝福滴滴，祝福大家！

与其抱怨，不如一点一点改变
——2015年1月27日程维在“滴滴企业出行产品发布会”上的演讲

非常感谢今天能够有这么多的媒体，以及最早体验滴滴企业版的客户伙伴，还有滴滴的朋友们光临今天的现场。今天早上我早到了一会儿，在等待开场的时候有非常多的朋友和我们的客户走过来跟我打招呼，大家跟我说虽然是第一次认识，但是感觉好像是老朋友一样，因为每天很多人都在用滴滴，这让我感觉非常幸福，也非常感恩。

我不知道有多少人今天早上是用滴滴打车或者是用滴滴专车来到会场的，反正我是已经习惯了。在滴滴公司，我们不允许高管自己买车，包括我自己，我连驾照都没有考。我们相信未来这样更绿色、更环保的出行方式会带我们改变整个世界。

很多朋友也跟我讲，说好像最近滴滴专车有一些小麻烦，有一些朋友今天也在问我说滴滴还好吧，滴滴专车还好吧？我也想借今天这样一个以滴滴专车为主要服务载体的滴滴企业版发布会，向所有关心滴滴的朋友，向大家正式地说一声滴滴很好，滴滴专车也很好，而且滴滴从没有像今天这样的坚定和全力以赴，我们会让滴滴越来越好。

在滴滴刚开始创业的时候，我们听到了非常多的抱怨，对于出租车这样的一个行业，好像几十年如一日，这个行业并没有什么改变。所以我们相信抱怨可能不能解决问题，真正踏实下来去寻求行业的改变之道，切实地去做出一些努力可能才是让出行变得越来越美好的关键之一。我们在发展的过程之中，看到随着整个社会的改革开放，这几十年来我们的吃饭已经越来越方便了，不难了，我们的穿衣服越来越好了，但是我们的出行却越来越难了，而且随着城市化的进程好像它还会越来越困难。我们在想到底是什么使得它变成今天这个样子，在我们看来可能是因为科技的落后和体制、机制制约。

很难想象，3年前我们在路上跑的所有的车辆，如果要被调度则需要依靠20年前的技术，就是电话呼叫中心，再加上车上的车载GPS这样一个20年前的技术，那是非常低效、体验比较差的。今天很多行业都通过改革发展得越来越好，但是我们的交通、我们的出行依然还是非常传统，整个的科技和体验非常落后。所以在两年半以前，滴滴打车把信息化和移动互联网带进了出租车这个行业，我们开始习惯在手机上叫车。

在半年以前，滴滴专车把市场化带进这个行业，我们开始可以让那些服务好的、更努力的司机获得更多的收入，所以那些司机也开始走到车门口，在等着我们。今天早上非常冷，我下楼也慢了一点，等我上车的时候，我看到我的专车司机在风里有点发抖，但是面带笑容地说您请上车，给我开车门的时候，我想这个可能就是市场化给我们带来的改变，不是任何的行政命令，滴滴可能也没有能力命令他去做这件事情。滴滴是一个由非常年轻、充满梦想的年轻人组成的团队，在我们的内部崇尚的是简单，崇尚的是独立思考带来的创新，崇尚的是极致的执行。所以我相信，两年多的努力和未来滴滴的继续努力，会不断地将科技、创新和市场化意识带来的这种福利带到今天我们的出行行业里面，真正让我们的出行服务越来越美好。

今天是滴滴企业版发布的日子，企业版是滴滴推出的第三个产品，我们前面已经有滴滴打车、滴滴专车。滴滴创业第一天的时候我们所有的创始人在一个房间里面，我们讨论到底要做一家什么样的企业，我们定下来一句话叫“移动互联网让出行更美好”。在前两年的时候，我们更多是给个人出行提供方便的服务，那么在今天，经过两年半的发展，滴滴已经在中国大部分大中小城市里面每天调度超过100万辆出租车。滴滴已经在将近30个城市每天调度超过10万个司机给我们的乘客提供服务。经过这么长时间的经验积累，滴滴也拥有了大数据调度能力，拥有了超过整个线下出租行业百分之七八十以上的运力的资源，我们想是时候去给我们的企业提供服务了。

在之前，我还在企业上班的时候，我觉得最麻烦的就是打车跟司机要票，回去还得依据格式填一张表，再根据规定和格式贴在一张纸上，找财务报销，还得经过很长时间才能拿到报销。等到我们做企业的时候，发现企业也很难，我们有几百个上千个员工，他们都需要出行，但是每个人额度都不一样，怎么能够去保证他这次出行确实是公务出行，怎么能够把这个流程梳理好。即便公司里面有很多的财务人员，但这好像仍不是很方便，我想是时候把我们的用车服务和企业的财务系统打通，提供一站式的方便服务了。

我在长江商学院上学时，有一个同学跟我说，他的公司在杭州，可他北京的办公室常年要放10辆车，要养10个司机。虽然百分之八九十的时间这些车和司机是闲置的，但是没有也不行，他们的高管客户来北京的时候确实不方便，经常需要开一些会议，经常需要去机场接送机，如果用市面上的出租车好像档次又不够，跌份儿，自己又找不到其他第三方的服务，只能养着这些车。这样的局面是普遍存在的，包括我们的政府都在推动公务车的改革，希望能够提高效率。我那个同学跟我讲，说他去年大概有5亿元的行政成本，很多是用车成本，而这些用车成本是所有行政成本里面效率最低的一项。所以基于这些考虑，我们希望在今天把滴滴的运力资源整合起来，派专人去给我们的企业提供跟你的专车服务一样的企业版的服务，随叫随到，服务周到，你不用为这件事情去操心。把这些事情整合起来以后，我们可以让企业享受一站式的出行服务，这就是我们“大道至简”的滴滴企业出行服务。

今天是滴滴企业版出行诞生的日子，我们的团队跟我讲，他们希望能够在3年的时间里服务10万家的中国大中小企业的出行。更重要的是他们希望努力几年之后，能够让我们的企业不再为出行这件事情烦心，注册的时候就可以办一个企业版的出行服务。我相信很多用户在滴滴推出企业版之前已经使用了我们的服务，我们希望越来越完善，争取服务好大家。

最后，要跟大家讲的事情是，滴滴希望在未来3年的时间里打造一个在线出行平台，整合整个社会上的运力资源，我们的用户只要出行，不管是个人还是企业，通过我们的移动互联网的软件就可以进入这个平台，通过一个大的智能交通的终端，一个搜索引擎的算法，能够有效地调度这些资源，能够让每一个用户都能够非常方便、非常舒适有尊严地出行。

滴滴会继续努力，也希望所有的朋友能够继续支持滴滴，谢谢大家！

努力到无路可走，上天就会给你一扇窗
——2015年3月21日程维在“小饭桌创业课堂”上的演讲

创业路上都是孤独的

在创业的时候，我就告诉自己，专心做公司，3年内不出来分享所谓的经验。我觉得还在创业就出来分享，都是在吹牛。如果只是做到了七八十分，就会吹到一百分；做到五六十分，就会吹成七八十分。

这次决定出来参加分享，是因为我对创业者的处境深有体会，创业的路上都是孤独的。

当初，我在阿里巴巴支付宝工作，决定创业后，没有直接辞职而是又在阿里巴巴待了9个月，在想创业做什么。当时觉得创业的机会很多，但现在想来，当时对创业的想法都是很浅薄的。

创业前期需要冲动，但不能一直只靠冲动，最后要形成自己对商业的判断。

美团的CEO王兴鼓励我出来创业。当时王兴就已经创业了三四次了，他有了经验，对商业有自己的价值判断。

在巨头的阴影里与巨头共舞

我也一直生活在巨头的阴影里，这是一个时代背景。

早期，“BAT”三巨头创业的时候，当时的巨头是华为、万科，而且他们看不懂互联网。但今天，巨头都身处互联网行业，他们对创业公司也很紧张，也有自己的顾虑。

如果他们盯上了你，来找你谈，是一件好事，说明你做的事情已经引起了他们的重视。如果他们还没来找你，说明你做得还不够大，没引起他们的重视。

但在细分领域，如果做得最好，一定能够打败巨头。

做滴滴就是不断地闯关

最后决定做滴滴，其实更多的是靠个人直觉。

我之前在阿里巴巴工作，杭州、北京两边跑，经常因为打不到车误机。我老家是江西的，有一次老家的亲戚来北京，定了晚上7点在王府井附近吃饭，结果他们下午5点来电话告诉我在打车了，等到晚上8点又电话问我能不能去接他们。

有创业的想法后，我咨询了周围的人，所有的人都说不靠谱。但这是正常的，这就是创业的第一关，只有闯过这一关才可能成功。

一开始（2011年，对司机师傅来说，智能手机还没有普及），所有的人都跟我说，司机连智能手机都没有，做打车软件这种想法根本不靠谱。

但正是在市场基础不成熟的情况下，创业才可能成功。现在，智能手机已经普及了，司机和乘客的用户习惯也教育好了，市场已经成熟了，但这时候，你再做打车软件，基本上没有机会了。

所以，你会听到很多质疑的声音。我每天都在问我自己这个事能不能做，反复衡量，不停地问自己，不停地磨砺自己。这就是创业的第一关。

投资人的建议是可以听一听的，好的投资人看过很多项目，对行业有判断，他们的建议确实能够帮助你。

要不停地补短板。

很多人问我滴滴创业过程中最大的困难是什么。在我看来，创业很少有最大的困难。

现在的创业是平衡的创业，不像过去依靠长板去赢。现在的创业过程其实是不停地补短板的过程。

一开始，决定做滴滴，主要就解决两个问题：开发软件和线下找司机。

我是从阿里巴巴出来的，业务能力是偏线下的。我认识的有线下背景的创业者，95%面临的困难都是找不到技术合伙人。我自己也是，线下的执行力是有，但是我没有技术合伙人。

当时就做了决定，用两个月的时间上线滴滴软件。

摆在面前的就两条路，要么自己组织团队开发，要么外包。自己也不懂，当时就觉得，自己找团队的时间也挺浪费的，不如找外包。看了好几家外包，其中一个自称，e代驾是他们做的。当时就觉得，既然做过e代驾，应该可以。就去跟他们谈，我问他们做一个打车软件多少钱。结果，他问我："你想要多少钱的？"我知道，原来这个也是可以讨价还价的啊。

他介绍说，有10万元的、9万元的，也有6万元的。我想了一下，要了个9万元的，常识嘛，选中间价位的。那时候，自己根本不知道技术分iOS端、安卓端，前端、后端。

两个月后，对方交付产品时，完全不能用。对方说，50%的概率可以响了，就是说用户呼叫两次，司机师傅那里可能响一次。因为当时没办法，又着急上线，我就跟对方说，能不能再改进一下，75%能响的时候再上线。

人总要为自己不了解的领域付出代价，创业没有侥幸。等到你真的痛的时候，你就会去补短板。

比做产品更不容易的是线下

当时，北京有189家出租公司。我们定的目标是两个月内突破1000个司机。结果40天里，还没有一家出租车公司肯跟我们签约。

每天早上，线下的同事都信心满满地出发，晚上又灰心丧气地回来。每次回来他们都很气馁，他们每天都会被问同一个问题：你们有没有交通委的红头文件。每天都会被问，有个同事就问我，家里有没有在交通委的亲戚，我还真的去问，但我老家是江西的，真的没有。

当时就想，换个城市试一试。想到深圳，觉得深圳是个比较开放的城市，结果，还是碰到一样的问题，对方都会问我们地推人员：你们有没有交通委的红头文件。

等到你努力到无能为力的时候，你觉得走投无路的时候，上天就会给你开启一扇窗。

到了第四十几天的时候，一个同事就高兴地给我打电话，说有一家出租车公司愿意跟我们合作了。是昌平一家出租车公司，很小，只有70辆出租车，叫作营商出租。

当时对方也不知道滴滴能做什么，就是跟我们的兄弟喝酒喝高兴了，觉得挺不容易的，趁着酒劲就答应了。我现在在路上看到了营商出租还会感觉特别亲切，充满了感激。

我们就觉得看到了曙光。

一家签约之后，我们再推广，就可以跟其他人说："你看营商都和我们合作了，你要是不和我们合作，人家的司机赚钱多，回头你们的司机就都跑人家那里去了。"

接下来一个星期内，我们又签了4家出租车公司。

我打电话给深圳的兄弟说，你看北京有突破了，你们还没有突破就是你们的问题啊。他想了一下，觉得我的话也对。

慢慢地，出租车公司有了，我们就要组织给司机培训。

我记得特别清楚，有一次是我亲自去做的，那个出租车公司在大兴，在监狱旁，我打车过去，对方一听去大兴监狱附近，就不愿去，对我说："要不，你再换一辆出租车吧。"

我觉得自己讲得特别真挚。我说，我是阿里巴巴出来的，我虽然是出租车行业的门外汉，但是我做互联网很久了，我在阿里巴巴，帮很多行业提高了效率，帮他们赚了钱，但是出租车行业没有变化，我们的软件可以提高你们的效率，帮你们赚更多的钱。我自己觉得讲得很诚恳，但下面的司机根本没人看我。他们最讨厌的就是开会，耽误赚钱，还经常被推销各种机油、汽油，他们就觉得滴滴是新型的骗术。

当时100个司机中不到20个人有智能手机，一般每天只能装七八个。一天有个同事特别高兴地打电话跟我说，今天获得了巨大的突破，装了12个。

我自己想一想，觉得特别凄凉，我们计划两个月装1000个，现在一天只装七八个，真不知道公司什么时候能做起来。

努力到无路可走，上天就会给你一扇窗

创业的时候，很多事都没有想到过，没有考虑过技术合伙人，也没有思考过市场、运营、CFO（首席财务官）这些都可以干什么。

技术外包不靠谱，就开始找技术合伙人。

为了找到可能搭档的技术合伙人，真的是无所不用其极。我找了支付宝的同事，让他帮我拉了一个他认识的在北京工作的技术人员名单，我一个个跟他们去谈，但是都不愿意出来。我一个堂哥在老家开网吧，是计算机专业毕业的，我就问他有没有同学在北京工作的，也没有。

有一天，我忽然看到说搜狗和腾讯的新闻，当时就想：大公司有变动的话，不就会有技术人员跳槽了吗？我去腾讯，去百度，约他们吃饭、喝咖啡，但是还是没有找到技术合伙人。

我现在就相信，等到你努力到无能为力的时候，上天就会帮你。

我偶然加了一个微信群，在里面说了几句话，结果有一个人自称是猎头，问我想找什么样的人。但是，认识了这个猎头后，他就没消息了，一个月没消息。但突然有一天，他说，手里有一个人了。我就赶紧约了见面，就是我们现在的CTO张博。

我现在相信，有些人真的就是跟你有缘。我很少对一个男人有这种感觉，就是一眼就知道，他就是你要找的那个人。

当时，跟张博谈完，我特别兴奋。一出门口，我就给我的天使投资人王刚打了一个电话说：这就是上天给我的礼物。

有了合伙人之后，一切问题就迎刃而解。

产品一定要做到70分以上

找到张博后，张博说产品不行，但时间不能再拖了，必须要上。就硬着头皮上，能响就行吧。

我去交通委演示，结果，我呼叫了两次，所有人盯着看，看了30秒没响。我当时就想钻地洞，关键的时候，它没响。再后来，我再去我就带两个手机，哪个响演示哪个。

所以，产品一定要做到70分以上。

我曾经把我的产品拿给王兴看，我对产品信心满满，结果他看了一眼说了俩字："垃圾。"

我说，你能不能对创业者鼓励一点。

王兴说："你看看现在的互联网产品，哪里还有需要注册的。"

我们原本还想每装一份软件向司机师傅收3元钱，后来发现，我们还得给司机补贴。

流量是一个大问题。一开始没有订单，有一天一帮司机找到我们公司，我们公司当时很偏远的，他们找来了，当着我的面摔手机，说我们是骗子，说一天十几个M，没有一个订单。我说M是什么，后来发现是流量，他们不知道M是兆。

没有订单，还要走流量，那些司机师傅根本就不开软件。有一天，我们看我们的软件，发现北京只有16个司机在线。地图上就亮了16盏灯。

我就说，起码有16个司机是相信我们的，我们不能让这16个人失望，不能让这16盏灯灭了。

没有订单，我就找人去打车。

我面试了一个人，他问工作是什么，我说打车。我每天给你400块，你就绕三环打车，不要去昌平，资金有限，省着点花。

我觉得他应该是最轻松的人，但他跟我说自己很痛苦。他说，你很难体会一个打车人的痛苦。我早上出门要设计路线，我打到了三元桥，想换一辆车去别的地方，结果那个司机师傅也不走，还等着再拉一个，我在三元桥无事可干，我想走又不能打，怕上车被看出来我是一个托。

我说，那要不你就去发传单吧。他问我去哪里发，我说你去人多的地方。结果，他就去北京西站发传单，在北京西站的一个天桥下，刚把传单拿出来，就被人摁住了，给我打电话，说在派出所，被当成上访的了。跟派出所的人解释，对方也不知道滴滴是什么。后来，他去了易到用车，我们还经常联系。

产品上线，一切才只是开始

原以为产品上线是一个门槛，但是上线只是一个开始。

早期太苦了，我们不知道怎么提高流量，连张博都一起想办法提高流量。我们用了很多办法，我自己还去小区的电梯里贴传单，去国贸的路边发传单，但都没有作用。

还是那句话：努力到无能为力，上天就会帮你开一扇窗。

一个事情有很多面。我当时在支付宝做团购，跟拉手的吴波、美团的王兴都聊过，吴波偏市场营销，王兴注重技术，都没错。都说拉手烧钱，我觉得拉手不叫烧钱，它只是帮大家教育了市场。滴滴烧了很多钱后，我有这个资格说拉手不叫烧钱。

当时觉得，团购已经很烧钱了，但今天我们的竞争程度比团购激烈100倍。

我们的第一个对手是摇摇招车。当时摇摇招车做专车，2012年4月，他们就拿到了红杉资本和真格基金的350万美元A轮融资，我们后来的天使投资才80万元人民币。他们已经有用户基础，资金是我们的100倍，他们转型做打车。

当时，摇摇招车的第一个策略是在广播电台做了一个广告，介绍自己的软件，然后说两周后去一个地方开会。他们做那个广告花了30万元（数字可能有误），我们一共只有80万元，这仗没法打。我们一筹莫展，一位负责后勤的同学说他有办法。

当时流行电视购物节目，都会在结束后接一句：即刻起拨打电话×××。我们负责后勤的同事就出主意，说我们接着摇摇招车后面做一个：现在拨打电话×××即可下载安装。反正司机师傅也分不清摇摇招车还是滴滴打车。

结果等到两周后，摇摇招车开会的时候发现没人去。他们打电话问司机，司机说："我们已经安装好了啊，不是拨打电话×××就可以安装了吗？"

摇摇招车的第二招是租下了机场的一个摊位。我们也找了各种资源，也认识机场的人，但是机场的摊位还是被摇摇招车租去了，有时候认识人也没用，还是看钱。摇摇招车当时比我们出的钱多得多。

我现在的感觉就是，你遇到这样出手狠辣的对手时，一定要想尽一切办法去赢。

后来，我们一位同事谈到了北京西站的一个摊位，4000元（数字可能有误），30万元没有，4000元我们还是有的。

工作人员穿着工服站在那里帮司机安装软件。那时候，司机们也不懂什么是智能手机。我们的工作人员就挨个问，是不是诺基亚的（诺基亚是功能机），要不是，就拿过来，给他们装软件，然后给他们一张宣传单，让他们回去看怎么用。一分钟装一个。

所有的细节都要考虑到，在厕所旁边，我们要考虑是他进去的时候发传单，还是出来的时候发传单。进去的时候发，出来的时候那张传单就没了。

有些事，你一辈子也不能理解

你可能一辈子也不能理解的，就是坚持和拼搏。事情做没做成，就看有没有用心。

我们有了司机后，订单的压力就变得更大。对平台最重要的就是运营，是线上线下的平衡。

2012年北京的雪特别多，那个大雪的夜里，我们的订单一夜之间过了1000单。

其实我想想都后怕，你看2013年、2014年雪下得那么少。如果没有2012年的大雪，我也不敢想。所以，我们现在开玩笑，说我们的市场部都变成了天气预报部了。

我们的运气是好的，但抓住这些运气首先靠的是我们在不停地努力，一直把事情做到了极致。

平台类的打法，是双边交易市场的模型，其中的关键点是低门槛。你看马云还讲开放，淘宝这么大的体量还是不收费。今天零门槛都没用了，我们还要去补贴用户。

一些创业公司走差异化，但是有些差异化是无效的。比如，一些租车公司投资硬件，给司机发iPad，这个也被证明了是不行的。给行业做基础建设是无效的，都在装硬件的时候，我们就不去做这个，我们把滴滴做到最好用，装到他们的硬件上去，才是最有效的。

接下来，就看谁能跑得快，然后把业务结果变成资本。

在A轮融资前，我都没有见过投资人。你要记住，投资人都是锦上添花的，没有雪中送炭的。你一定要等到公司做到了一个点，自己要知道到了这个点，再去找投资人。

当然，也有一些可能做小而美。但今天的背景是，钱不值钱，人人都有钱的时候，在资本驱动下，是有可能会摧毁产品的短板的。

我现在对创业者的忠告就是：要迅速、有效地去试错，去找到最有效的打法。

一开始，最多在一两个城市先把自己的模式验证好，要把自己最精锐的部队放进去验证整个打法。

但很多人都死在上面。之前我有一次做分享，说最重要的是速度。结果，一个初创公司回去就迅速扩展到北上广深，它招了很多人，接着就是大裁员。它借了很多钱，最后又回到了原点，现在借的钱都还没还上。

我们烧了很多钱，也有了很多经验。一开始就打一个城市，要一个点打破了，再横向复制。我们的投资人开玩笑说，可能会把26个字母都融完了。

CEO的任务就是组建梦幻之队

我把40%的时间都用在了招聘上。

我见阿里巴巴的第一任COO关明生（他加入阿里巴巴的时候还是2000年），他就给我讲了马云怎么组建团队的。

你看三国演义，一大半的时间都是讲他们如何加盟的，讲怎么找到他们，怎么判断他们。

我们早期工资只有5000元，一视同仁，但怎么样打动他们，怎么融合，这里占据了我工作的80%。我得不断让团队越来越强大，

业务都是假的，团队才是真的。没有好的运营，没有融资，团队也是假的，所以我们的第一“天条”是：一切问题，都是管理者的问题。

首先，你要敢想。看到柳青，我也紧张，无论是能力还是人品，柳青都好得让人紧张。怎么去跟她谈，我也特别紧张。

但实际上，每个人都有自己的需求。

迈出第一步最难。

柳青（加盟滴滴前是高盛亚洲区董事总经理）原来的工资是400万美元，我就跟她说：“工资的一半都是你的，剩下的是我们的。”

聊了一个星期，我说我们一起去一趟拉萨吧。说走就走，我们接着就订了机票，一共8个高管，一起飞到了西宁，租了两辆车，计划3天开到拉萨。我也不知道拉萨在哪里，就是有一个模模糊糊的目标。

第一天，我们到了青海湖，原计划是住宿的，但天还没黑，就继续往前走，结果下雨，又是山路。好不容易开到了一个小村庄，有个小宾馆——黑马河宾馆，我们进去又被吓出来了，里面都是狗。

那一天，我们开了1700千米，好不容易找到了一个宾馆。两个司机都发烧了，他们跟我说：“其实我早不行了，我一路上都是方向盘顶着胸口开过来的。”在那个宾馆里，8个人吸了3000元的氧气。

等开到了喜马拉雅山底下就哭了，我就想，这就是创业路，团队就需要信任，我是把命交给了司机，我就信任他们。

结果，一位同事问我哭什么，我告诉他后，他也哭了，他说想起自己以前的弟兄，他们也是信任自己（自己却加盟了滴滴）。

那天，柳青写了一条很长的短信说："决定了，上路了。"

我们一个月烧钱烧掉三四亿元人民币，压力非常大。半年后，决定一起去旅游，原本是要去耶路撒冷的，但那里在打仗，就改去了土耳其。

在土耳其，周围都是外国人，我们这些背景、想法各一的人，就是一个团体。我们晚上就一起做一个生命树的活动，聊人生，聊怎么变成了现在的自己。经历了哪些事情，哪些改变了自己的人生轨迹。一旦讲出来，彼此就都变得很信任。

我们坚持20期了，每个月都会把六七十位管理者拉到一个封闭的地方，第一天讲业务，接下来就是做各种活动，彼此融合。

创业是一条没有尽头的路吧！

就像一艘船，船长是不能弃船的，船沉了船长要跟着一起死。

就像麦哲伦航海，他当年带着船队出海，碰到了无数的困难。

人在没有希望的时候，是会疯掉的，每天要面对无数的挑战。但麦哲伦有坚定的信念，每天都清楚地知道自己要走哪条道路，所以他做到了。

其实都是一样的，这就是人生的修炼。

在这个时代，不创业是会后悔的。

关于投资的建议

天使投资要找有经验的人，朋友的钱最好不要。因为创业初期，一个错误就死掉了。

从天使投资到A轮融资，最重要的是验证自己的商业模式，在这之前，投资人是不会投你的。

只要投资人不打款，都是扯淡。

我们的投资人，见面都没有超过两次。好的投资人，一定会告诉你下一次见面的时间。每次要有两个备选投资人，其实，自己也不知道值多少钱，有两个，这样就不会太亏。

A轮融资的时候，我没想融很多。第一家，他说要投500万美元，让我们等一下，结果等了两个月，他说有新想法。之后见了30个投资人，在市场没有突破的时候见他们，他们也不会投的。但是，当时见他们是有帮助的，他们看过很多项目和行业，能给我们很多经验，启明、经纬给我们的建议都有帮助。

但等到你的市场做起来后，你就要敢问他们："我要找最好的投资人，你有什么能帮助我的。"

每一次谈判、每一个条款都可能决定公司的生死。不要心疼钱，要找到好的代理中介，这是值得的。

冒着炮火迎接下个10年
——程维在“2015亚布力中国企业家论坛夏季高峰会”上的演讲

谢谢主持人，谢谢组委会，谢谢大家！没想到用了我最萌的照片，本来就年轻，还选这样一张照片，本人其实还是成熟一点的。“出行梦想”是我今天演讲的主题，滴滴是一家创立3年的企业，我也是一个年轻的创业者，这也是我第一次来到亚布力。

来之前，我有很多的遐想，企业家在一起会聊什么，其实没有像我想象的那样在讨论“寒冬”到来怎么应对，大家还是充满了希望，充满了很多的梦想。也有很多收获，我觉得今天滴滴发展碰到了很多困难，但再难怎么能有尹明善尹总难？尹总的年纪，今天的精神状态，对未来的期待，都给了我们年轻创业者很多激励。以尹总今天这样的普通话水平都可以做国际化，滴滴为什么不可以。

唯一有一点异议的是，也许那些互联网企业，那些创业企业，也有一两家能够活下来，所以我也希望未来5年、10年，我们也有机会能活下来，到时再跟大家分享。也听到了杨元庆杨总的分享，讲国际化，我自己的体会是，今天我们面临被国际化，被国外的巨头竞争，中国是他们要征服的一块市场。几十年来没有例外，滴滴今天也面临着挑战。联想能守住本土，在全世界开疆拓土，获得这样的声誉和市场品牌，让我们很受激励。

最让我意外的是王石王总，能感受到创业者在一定阶段的感悟，比如说他聊到的减肥对我很有帮助，包括谈恋爱，都让我眼界大开。就像王总讲的一样，我们创业的企业，年轻的创业者聊得更多的是梦想。昨天晚上我大概是9点多到的重庆，到酒店刚好看到在北京举办的世锦赛，4×100米项目里中国4个小伙子夺得了银牌，还有前段时间大火的宁泽涛，我觉得未来10年是中国在各个领域崛起的10年，滴滴当然也是得益于这样的时代。

以前我们在技巧、在团队上有优势，未来综合实力也会越来越强。刚刚在台下的时候邻桌问我，说你对未来有信心吗？互联网有泡沫吗？互联网的冬天来了你还有信心吗？我坚定地告诉他，我充满了信心，未来10年依然会是我们高速发展的10年。

3年前，2012年的6月我们创办了滴滴打车，我们看到的是整个互联网在中国高速发展，但是出行非常传统，我们听到了非常多的抱怨，大家都在抱怨打车难、公交难、买车难、限号、拥堵，但是没有什么可以做的，没有行动，没有改变。我们第一天定下来我们的梦想，就是“移动互联网让出行更美好”。我们相信互联网和市场化是解决出行问题的关键，所以我们就做了滴滴打车。

滴滴打车就是互联网在这样传统领域的结合，移动互联网在3年前让手机变成了千元机，很多非互联网人群，像司机这样的蓝领也可以使用互联网，3G变得非常稳定，变得非常便宜，所以这个大门就打开了。

我们的第一个产品其实是互联网跟出行的结合，解决的是原来信息不对称的问题，原来用户不知道车在哪里，要等很久，车也不知道人在哪里，所以以前必须扫街，工作效率低，污染，拥堵。把信息对称起来，大家有了更高效的工作平台，所以滴滴打车、快的打车能快速发展。一开始我们创业的时候做了充分的心理准备，我在阿里巴巴工作了8年，后两年在支付宝，负责B2C，电商还有团购，我们看到了那么多血腥的竞争，我们觉得做一个打车软件会轻松一点，没想到远远超过电商竞争的残酷，超过“百团大战”的辛苦。滴滴、快的联手教育了中国80%的司机，迅速让他们拥有了智能手机，迅速让这个行业进入了互联网时代。

很多人讲补贴大战，在我看来1.0的互联网是免费经济，淘宝、360用免费颠覆了付费企业，今天也是一样，只是竞争更充分了，免费已经不管用了。2.0是补贴时代，更低门槛获取用户，更快教育用户，所以整个行业在两年多时间里完成了高速发展、竞争和整合。今年的2月14日情人节，滴滴和快的“结婚”了，我们说这是送给全中国情人们的礼物，连我们都能“结婚”，为什么还不相信爱情？

这好像已经过去很久了，要跟大家汇报的是，我们只谈了一天。外面说是21天，后面20天更多是办“结婚手续”，真正只谈了一天。虽然是闪婚，但是也有真正的爱情。我们甚至是互联网里面少有的融合成功的公司，而且还生下了3个健康的宝宝：顺风车、代驾、巴士。没有这样的合并我们就没有力量来完成平台建设和多元化，所以滴滴快的是互联网出行的结合。

在我们联手教育了80%的司机都使用打车软件的时候，我们依然发现不起作用，我们发现原来的激励机制和市场体制里面有很多问题，供应跟不上需求，供应是计划经济的，是最早定了一个数字就是这个数字。价格不反映供需，服务好的司机不能获得更好的鼓励，而那些偷奸耍滑的司机却挣到了更多的钱，没有好的激励机制就不能引导好整个行业。所以，我们做了滴滴专车，专车推出来之后获得了高速发展，但也经历了很多挑战。滴滴专车能活到今天，是所有人、所有用户、所有媒体、所有支持者对我们的鼓励。

一开始我们认为这个行业已经到了必改的时候，因为这个行业很特殊，从乘客到司机到出租车公司再到主管部门，没一个开心，大家都很痛苦。主管部门有很高的管理成本，还要补贴，还要被责骂。去年年底沈阳大罢工，就是因为油价上涨后调了1元钱的燃油附加费，油价跌了要把1元钱取消，大家就不干了。今天猪肉涨价跌价，股市暴涨暴跌，但是没有人走上街去罢工，就是因为出租车这个行业依然是政府说了算。政府每年要补贴很多钱，因为物价在涨，车费不涨，就需要补贴给司机，补贴给出租车公司，所以政府在这里面并不开心，管理成本很高。

出租车公司是最特别的企业主体，它的收入是固定的，从第一天起，有多少张牌照，一张牌照赚多少钱都是固定的，所以大多数企业并没有动力通过优化服务、扩大份额来促进企业的发展，更多的是控制成本，减少人工，出租公司把企业越搬越远。但是成本怎么能控制得住呢？这10年、20年成本一定是在涨的，所以出租车公司办得也不开心，出租车公司的模式是最传统的模式。把出租车经营权拿到，然后租给司机，司机不管有什么风险都要交管理费，这种模式是旱涝保收的，所以也是缺乏激励和动力的。出租车司机也非常不开心，难以获得应有的劳动者的尊严。乘客更不用讲了。

这个行业里面我们应该是可以很方便破冰的，但实际上我们碰到了很多困难。仅在北京，上半年我们的专车就被当成黑车抓了1500辆。在北京一个城市我们就被罚了2000多万元，在很多城市我们被宣布为非法，被约谈。我们有一个同事被多个部门联合约谈，谈回来之后我问他怎么样。他苦笑着说还不错。我问为什么。他说现场非常严肃，说我们违反了出租车管理条例，现在又没有关于专车的法律法规，所以只能当出租车管理，那我们这样做就是违法违规，非常严厉。但是拿到文件，现场记录谈话文件需要签字的时候，他就发现那里面严厉的内容都没有记上去，大部分还是鼓励我们的内容。他说那个工作人员记录的时候在无声地支持我们，他能感受到温暖，所以这是让他坚信再苦再难也是有未来的。

打车软件一开始也是违法的，在很多城市我们都受到各种各样的限制，但是后来交通部不但宣布了打车软件合法，而且鼓励各地使用打车软件，我们也看到了像上海、义乌等很多地方愿意跟我们一起发展这个业务，我们对未来还是有信心的，冒着炮火向前进。

还要讲一下国际化的竞争，就像刚刚尹总讲的一样，中国企业面临着非常残酷的竞争，国外企业把中国企业当作开疆拓土的对象。在滴滴、快的合并之后，我们主要的竞争对手Uber找到了我们，在我们办公室里跟我们谈判，其实就是给我们两条路。第一条路是接受他们投资40%，第二条路就是打败我们。当时他们征服了美国，征服了欧洲，那都是他们绝对控制的地方，他们有500亿美元的估值规模，手上拿了几十亿美元，那时候滴滴、快的还是游击队，刚刚合并到一起。他们说他们必然会在中国投入超过10亿美元的现金，把中国市场搅得鸡犬不宁，要不然接受收编，要不然就被打败。

我说这不就是强盗思维吗？我跟他讲，1840年开始第一股列强来到中国时也是开出了同样的条件，要不然割让台湾、开放广州，要不然就打到紫禁城。我说今天的中国互联网不是几十年前了，我给他画了一个图，你比我们早3年创业，现在是500亿美元，我们晚你几年，我相信这是一个淘宝和亚马逊的故事，既然要打那就试一试，最后不欢而散，所以后来爆发了非常激烈的竞争。原来我们以为滴滴、快的之间的竞争就是总决赛了，我们合并之后就可以好好建设家园了，后来我们才知道那个只是亚洲区的小组赛。

说狠话逞英雄很容易，真正打起来还是有很多的挑战，我们的对手第二季度在中国烧了4亿多美元，他们的CEO在中国待了50天。我们在研究，到底美国和中国的企业有什么样的差异，到底怎么样竞争才能在本土打败它们，甚至如何开展全球竞争，我们也在学习、研究。我们发现，其实美国企业的打法，跟美军的打法是一样的，因为它都不是在本土作战，他必须要覆盖全球，所以他很注重空军力量。他首先是资本战、舆论战、营销战，地面部队并不强，因为不在本土，地面部队全都是海军陆战队，强调跟空军的协同，强调单兵作战的能力，一模一样的打法。

怎么去打？我请教了3位前辈企业家：我问了一下柳传志柳总，我觉得柳总是打过最漂亮战役的，柳总说必须发挥本土的优势，游击战，拖住他。我去问了腾讯的马化腾马总，他说正面拉开架势，歼灭他。我去问了阿里巴巴的马云马总，他说帝国主义都是纸老虎，你拖他两年，他自己会出问题的。所以我就迷茫了，到底是正面PK还是游击战还是放开他？我觉得这个时代不一样了，打法也不一样了。

首先，我觉得我们凭借自身的运营优势还是很好地控制住了局面。我们派了几拨人到硅谷学习一线互联网公司，看它们怎么做的、怎么发展的。好几拨人在过去半年时间里去了解它的组织体系，它的思路，它的人才，我们从游击队慢慢变成了开始有些正规化的武装，开始在营销上不输给对手，开始在资本上不输给对手。我们刚刚融了二三十亿美元，即使冬天来了我们也会比较从容。我们发现最大的优势是人才和思路的区别，人才是最大的瓶颈，中国没有那么多的大数据和机器算法的科学家，我们居然发现硅谷一线的互联网企业，像Uber、Facebook（脸书）里面20%的工程师是华人，我们派了CTO和一个代表团在硅谷把他们请到一起跟他们交流。我们说中国最早派人出国学习是北洋时期，东去日本，西去欧洲，唯一的目的是师夷长技以制夷，学成能够回来建设祖国，没想到大家就近加入了太平洋舰队。我们告诉他们中国发生的事情，有很多的美国这样一线的工程师，一线的学者，他们如果回来创业没有信心，不了解市场，加入“BAT”觉得一个萝卜一个坑很难有作为，那滴滴就是一个很好的落脚点。我们就这样带回来了十几个人才，他们还在不断地辐射。

到现在为止，我们还是控制住了局面，在第二季度获得了80%的专车份额，我们依然会像前几代的中国科技互联网企业一样，先守住本土，未来再看有没有机会走出国门。

这是市场化和出行行业的结合，我们做了滴滴专车，我们发现不管是出租车还是专车，在高峰期依然不够。所以我们把共享经济也引入进来，做滴滴顺风车，希望车主在上下班的时候不要空着副驾驶和后排，能够带上一两个人。本来4个人需要4辆车，现在1辆车就可以搞定了。但是中国并没有共享经济的基因和土壤，我们看到Airbnb在美国很火，但在中国做不起来。我们相信出行是第一个被共享经济突破的行业，顺风车在中国获得了非常好的发展。我们做了代驾，做了巴士，巴士是C2B的模式，通过大数据集中起来，用一个大巴拉走，这是最节约路面资源的。

从滴滴打车变成了滴滴出行，我们的梦想就是建设一个中国人领导的、全球最大的一站式出行平台，在未来3年时间里每天可以服务3000万的用户，服务1000万的车主，在任何地方3分钟内都可以叫到一辆车。我刚才看了一下，今天这个地方好像不在市区，但是附近还是有滴滴快车、专车、顺风车。希望所有自驾车主参加完会议回去的时候，能顺道载一个返程的乘客。

滴滴今天还只是一个3年的企业，也是一个拥有员工平均年龄只有28岁的企业，管理层大部分是“80后”，柳青也非常年轻，我们很多员工是“90后”，我们充满梦想、充满创新，我们也愿意学习，脚踏实地，我们希望能坚持，能让未来的出行有更多的选择，有更多好的体验，有更高的效率。希望未来还有机会能跟大家分享，谢谢大家！

我不会开车，却想解决3亿人的出行难题

——2015年12月18日程维在世界互联网大会上的演讲

尊敬的各位来宾，我是滴滴出行的程维，刚刚诺基亚讲到自己是受人尊敬的150年的最老的公司，滴滴可能是这次互联网大会最年轻的公司。

2012年9月我们的产品上线，到今天只有3年零3个月的时间，我本人是“80后”，我不会开车，但是今天我们的同事用互联网的技术连接了中国超过1000万辆的汽车，用大数据调度，用共享经济的模式为超过3亿的用户提供出行服务，我对我的同事们深表敬意。

刚刚我收到了消息，说北京又发布了雾霾的红色预警，很无奈的是，我今天要离开美丽的乌镇回到北京，还好刚才我在下面订了一个滴滴专车的接机服务。已经很难想象再回到3年前没有打车软件，没有专车服务，还要在北京的冬天，在雾霾里去等一辆出租车的日子。这3年的时间，互联网结合交通带来了非常多的转变，滴滴是一家致力于解决老百姓出行难，通过互联网、共享经济的模式去缓解交通拥堵和污染的移动互联网公司。

3年前我们成立的时候，衣食住都有互联网服务，只有出行很传统。我们看到现在中国已经没有吃饭难、买衣服难的问题，住房条件也越来越改善，只有出行随着城市化的发展越来越难。

如果自己不开车，在城市里面打车，或者地铁公交出行，体验都不是很好。如果你攒钱买一辆车，限号、限行、限购，到了地方停

车又难。一方面老百姓出行难，另一方面，城市主管部门也很难，这10年所有的城市基础设施都在飞速发展，建了很多的环线，很多的地铁，但是依然赶不上小汽车的快速增长，绝大多数人买车都是一个人开一辆车出行。出行越来越难，大家抱怨了很长时间，但是一直没有什么好的解决方案，成为社会问题。2012年的时候，移动互联网快速发展，应该说是智能手机的普及、3G的成熟，还有定位技术发展，才使得“互联网+交通”这样一扇大门敞开了，我们开始有机会尝试通过互联网的方式来解决传统出行的问题。

3年的时间，我们推出了很多出行服务，最早我们是一款打车软件，希望通过互联网解决信息不对称的问题，让你可以找到车，不用在路边等待，让出租车不用扫街也能够找到你，提高整体的效率。

到今天为止，中国是最多把出租车司机和用户连接在一起的市场，而美国出租车现在还在扫马路。我们还推出了专车服务，希望在出行领域的服务变得有价值，用户用价格奖励那些服务好的司机。滴滴创建了出行的评价体系，知道司机的每一次服务是好还是不好。我们推出了顺风车服务，希望以后号召大家减少甚至消除独自驾驶，让所有自驾出行的人，副驾驶上面都能够捎上一个顺路的伙伴。

像乌镇一样，在北京还有一个古北水镇，我们在跟古北水镇合作，把北京的游客送到古北水镇去，我们希望用大数据提前把目的地一致的用户连接起来，通过一个大巴拉过去，这样是最缓解拥堵的。

在上个月我们推出了拼车服务，希望任何一辆专车、快车和出租车，未来都能像公交车一样在城市里面不停地穿梭，可以把用户拼在一起，下去一个上来一个，不停地运转，使用效率提高了，拥堵就会得到缓解。

我们刚刚推出了跨城顺风车，马上要春运了，希望今年春运大家回家的方式多一种选择，如果订不到机票，订不到火车票，试一下有没有顺路的，可以采用跨城顺风车的方式回家。我们希望开车回家的车主，你后面的座位能够捎上一位顺路的朋友。

很难想象互联网使出行这样一个传统的行业，变成了最具创新活力的行业，甚至变成了引领全球的一个新兴行业，现在全球很多地方都在学习中国顺风车的模式，都在开展移动巴士的探索。应该说在最新出现的移动互联网领域，中国开始逐步取得了领先。

这3年的时间，最激烈的竞争和合并促使滴滴快速发展。在我们创业的时候，我们看到中国的电商竞争非常残酷，中国的团购竞争非常残酷，万万没想到，打车软件变成了最残酷竞争的产业。

刚才周鸿祎周总讲，这场激烈的大战甚至已经传到了手机行业里面。但是我想，一个行业早期竞争最充分，整个行业的发展最快，就像中国的乒乓球内部竞争最充分，出国比赛的队员就是全世界最强大的。所以我们感谢充分的竞争，它能够让滴滴快速地奔跑。

今年初我们跟快的合并了，一开始是闪婚，两个年轻的企业慢慢培养出了感情，今年好像所有单身的互联网企业都结婚了，都是始于今年年初滴滴、快的那一次相信爱情。

到今天为止，我们在中国连接了数量超过1000万的交通工具，服务了近3亿的用户。特别自豪的是，我们的拼车已经拥有了50%以上的拼车成功率，就是如果你使用，愿意拼车，滴滴的大数据有一大半以上的概率可以帮你找到一个跟你同行的乘客，这个就是出行的未来。

我们希望建设一个中国人领导的、全球最大的一站式出行平台，希望在未来的3年时间里，每天服务超过3000万的用户，1000万的司机，希望让任何人在任何地点，任何时间都可以很方便地在3分钟内叫到一辆车。

2015年，滴滴推出了很多垂直的出行服务，2016年我们希望打通这些服务，变成一个智能出行助手，预测你的出行需求，根据当时你附近的交通状况提前安排好适合你的出行工具，就像你的助理一样，2016年我们希望滴滴不再只是一个天上的打车软件，而是能够踩到地上更接地气，去打通汽车流通和服务的产业链，给司机提供更好的服务。

2016年，我们希望滴滴更加国际化，我们还是很年轻的公司，但是我们看到美国很多公司从第一天开始，就把自己定位成一个国际化的企业，而不仅仅是一个本土企业。

我们希望去探索中国企业国际化的道路，构建一张全球出行的网络，明年中国的用户去美国，去东南亚，去印度就可以用滴滴叫一辆当地的车。我们同时也希望自己变成一家大数据驱动的公司，我们觉得前20年互联网的发展，是用互联网连接一切，未来30年是云端的大数据深度学习人工智能驱动一切的时代。

滴滴的使命是让出行更美好，我们希望通过自己的努力，真正能够帮助大家解决出行难的问题，谢谢大家！

2016年将离出行梦想再近一步
——2015年12月31日程维在跨年盛会上的演讲

刚才和老罗合影的时候我想到一个词，安徽的省会合肥。两个月以前，老罗和脱不花来到我的办公室，他们慷慨激昂地讲了半天，我就答应了今天过来助场跟大家分享一下滴滴的故事。

今天，我到现场看了一下日程表安排，我才知道今天晚上老罗要讲四个小时，中间实在憋不住需要上个厕所，所以需要有一个人换一下，所以我的使命就是老罗的尿点。听老罗讲了半天第三人称，第三视角的互联网，下面我跟大家以第一人称分享一下滴滴在O2O大战中看到的，在我们身上发生的故事。

2012年，智能手机有了千元机，移动互联网开始普及，很多出租车司机可以参与到互联网里面来，所以移动出行的大门就打开了，在那一年大概有30多家打车软件，像我们一样开始了创业的道路。大概经过一年非常艰难的冷启动，到2013年的时候就剩下了滴滴和快的两家企业，还在非常激烈地竞争。2014年年初的时候，爆发了非常激烈的补贴大战，我们两家一共补了大概十几亿元的人民币。

那个时候我们请全国人民打车，好像不占点便宜就跟吃亏了一样，出租车司机还不拿好脸看你。滴滴和快的的补贴大战迅速蔓延到很多行业，我们听到很多人评论说这种烧钱的模式不可持续，说这背后一定有巨头在设计一个巨大的阴谋。实际上只有我们知道，O2O大战一开始就是一个偶然事件，在2013年的时候，滴滴准备接入微信支付，那个时候所有的出租车司机还都不习惯在线付款，全国范围内哪儿都是。像北京的一卡通支付，推了很久，但是出租车司机就是不喜欢用。我们想推微信支付，就去调研为什么出租车司机不爱用在线收款的方式，我们发现原来是对账比较困难，经常错一笔错几块钱，查起来很麻烦。

最早的补贴大战实际上并不是一个营销方案，而是一个产品方案。我们改良了整个流程，希望在用户付款那一秒钟钱就能打到司机的账户里，马上就可以取出来。但是实际上你在付款的时候，这个钱还在微信里。从中间的微信账户，再到司机的账户再到提现，最快也要一天的时间，怎么可能一天就取出来。所以我们就设立了一个中间账户，滴滴先把钱垫进去，为了让司机试一下，我们给了10块钱的补贴，司机发现钱确实可以很快就能拿到，那10块钱的诱惑变得非常大，一传十，十传百，整个行业就变得火了起来。我们发现整个行业火起来以后，我们的对手快的，现在已经是一家人了，快的在很短的时间里也做了同样的补贴。一开始的时候我们做了400万元的预算。没想到订单一下子翻了十几倍，那个月我们花了一点几个亿，签单的时候手都在抖。

所以，补贴大战其实是一个偶然事件，是我们策划一个支付的产品，在上线的时候做了一个很小的促销活动，但是迅速地引爆了整个市场，很突然而且很残酷。我记得很清楚，在第一个月的时候，有一天晚上大概八九点钟，我突然接到电话，说可能那一天是司机交份子钱的日子，我们的钱被提爆了，我们的中间账户被提空了，那天我们的产品经理非常实在，直接提示滴滴余额不足，很多的司机一传十，十传百，很多人过来反复地试，雪崩效应就产生了，那一刻我们感受到了死亡的威胁。当时大概差了1000万元，虽然融资融到了，但都是美元，要把钱变成人民币，还需要很长的时间。我们的同学问我，说你有1000万元吗，那天晚上我把我的通讯录拉了出来，我想找找谁有1000万元，有100万元，哪怕有10万元，打了可能有二三十个电话，一点一点地凑钱。

后来，我们定了一个规矩，如果真的出现钱再被取光的情况，要从“余额不足”改成“系统维护”。所以大家如果看到哪一家大的银行，或者别的机构系统维护，那可能不是真的。那天晚上我们真的借到了1000万元，奇迹般地度过了那个夜晚。所以我们对于补贴一直都是心存敬畏的，没有外面讲的好像我们特别喜欢补贴。一路走过来，滴滴有很多那样类似于那天晚上的场景，滴滴死掉是大概率的，活下来才是小概率的。所以我们很感恩那些在路上帮过我们的人。

流量起来了，我们的服务器根本扛不住。O2O大战里面，最重要的是怎么抵御这种疯狂的增长，我们和快的团队都投入了流量的防御战争，我们有个很著名的七天七夜的故事，为了迅速支撑住汹涌的订单，我们的几十个工程师七天七夜几乎没有合眼，最后一天我也在那里通了一个宵，结束的时候，我们一个工程师奔向医院产房，他到产房之后半个小时，他的老婆就给他生了个儿子，差一点给孩子取名叫补贴大战。还有一个工程师，七天时间里他的隐性眼镜没摘过，最后已经摘不下来了，去医院才摘下来。最后一天的时候，有一个同事大喊一声地震了，所有人迅速从21楼跑到1楼，最后发现那其实是一个幻觉。

一个初创公司，不管是资金还是系统都面临着巨大的挑战，扛过来了就上一个层级。这种偶发事件背后有它的必然性，必然是因为互联网激烈的竞争和充沛的资本，已经让现在的中国互联网从免费经济走到了补贴经济，互联网最早是收费经济，最早的Windows操作系统是收费的，最早的杀毒软件是收费的，免费经济的代表360干掉了所有的收费杀毒软件，淘宝干掉了eBay，整个互联网竞争越来越白热化，淘宝用来教育用户的十年在O2O行业里被压缩到了一年。

老罗问我，说你明年到底想干什么，滴滴未来的突破到底是什么，在我看来，不管是免费经济还是补贴经济，它始终是营销层面的创新。我相信随着整个资本趋于理性，寒冬到来，整个行业还是会回归到商业的本质。那就是通过不断地去创造好的服务，不断地去创新和加速技术的进步，来赢得市场。

大概3个月前，作为刚成立3年的一个年轻的创业公司，我很荣幸去参加了西雅图的中美互联网论坛，跟很多美国科技业的大佬站在一起的时候，我有一种不自然的使命感，只有在那种场合能够感受到。大概在1个月以前，我们参加了乌镇的世界互联网大会。也许互联网20年激烈的竞争只是开了一个头，未来还有巨大的发展空间，这是一个时代的机遇，会有这种使命感。但另一个很强烈的感觉是，整个中国是一个互联网大国，但是站在中美那个舞台上的时候，能感觉到我们还不是一个强国。大国是指我们把很多并不是很前沿的互联网技术包装成应用，去抢占了中国巨大的市场，我们只是规模很大。

强国是指前沿的技术探索，我们看到SpaceX把火箭送回去又收回来，我们看到美国大量的初创企业，都是技术型、探索型的小公司，我们看到大量的创新还是在美国。所以我们会有这种感觉，虽然我们在最浮躁、竞争最残酷的O2O行业，但还是需要踏踏实实做一家技术型的、创新能力强的互联网公司。

跟大家分享一个我在美国看到的故事，我去参加西雅图大会的第二天去了硅谷，我看到美国街道上的汽车都是日本品牌，美国的汽车城都变成了空城。我问美国的一些投资人和企业家怎么看，是不是把这个市场抢回来。他们告诉我不是，美国全部是互联网公司和科技公司，他们在投入下一代的制造，而不是上一代的内燃机，他们对于下一代汽车的定义是智能汽车、电动汽车、无人驾驶和按需定制，美国最大的互联网公司苹果在做智能汽车，特斯拉在探索电池和新能源汽车，Google在做无人驾驶，柳青告诉我在加利福尼亚州已经看到了无人车在路上跑。可能下一代的汽车还是美国人做出来的，而中国的主力部队，大多数有钱有经验的互联网公司还在做手机。

如果展望未来，我们特别希望滴滴能在前沿的技术领域探索和创新层面，成为未来代表性的公司，而不仅仅是一家竞争和生存能力很强的公司。我们希望未来哪怕在最激烈的竞争当中，我们也能推出新的产品和模式。打车软件看起来很土，但今天中国依然是唯一一个把80%的出租车司机连接到互联网的国家，美国的出租车司机现在还在扫街。顺风车在中国落地之后，美国的公司开始学习我们。

包括移动大巴，我们今天已经开始在探索，这在全世界都没[illegible]我想说，老罗我的目的并不是讲故事，做概念，我们想踏踏实实做好未来的出行服务。过去3年的滴滴，是用互联网连接所有的交通工具，我们相信未来3年的滴滴，是用大数据和人工智能综合调动所有的交通工具。

我们的使命是让出行更美好，大概在3天前，我从广州回到北京，那天晚上因为北京冻雾的原因，飞机迫降到了太原，我这辈子都没有听说过冻雾，听说雾霾被冻住了，我们城市的拥堵污染好像是无解的，好像已经在朝恶化的方向发展，我们似乎什么都做不了。我们想象互联网，想象共享经济可能是解决这些问题的有效方法。拥堵最重要的问题就是因为汽车数量的增长超过了路的增长，但是怎么才能够抑制大家不买车呢，靠限号、摇号、限行都不行，需要有一个替代性的、第三方的好的出行服务。试想一下我们买一辆，5%的时间在开，95%的时间是停在那里的，并不经济。开车的时候干不了别的，但你坐在专车后面的时候可以干很多事情，到地方就走，不需要操心停车。所以第三方出行其实是一个更经济、体验更好的方式。因为没有安全感，我们不得不买一辆车，但整个城市到了不能承载的时候，我们相信第三方出行，相信共享经济最大的机会就会到来。

我们希望有限的车能够承载更多的人，能够提高整个城市的效率，原来我们是叫一辆车，2016年我们希望叫一个座位，快车、顺风车、专车都可以拼。未来如果你车里的座位没有坐满，你只能走慢速道，只有坐满的才可以走快速道，让整个城市的效率变高。今天虽然是讲O2O大战，但我们希望从O2O大战中走出来的企业，不要仅仅成为营销层面的创新，我们也能够成为技术型的创新企业。让出行更美好，这是滴滴的梦想，2016年我们希望离这个梦想再近一步，也希望大家支持，谢谢！

任何关头，如果没有顶住就死掉了
——2016年1月30日程维在“2015年度滴滴出行年会”上的内部演讲

欢迎全国各地的小桔子回家！去年年会我说不管今年公司有多少人，不管我们需要租多大的场地，不管要租多少间酒店，无论如何都会让所有在外打拼的滴滴快的所有的小桔人回家。为此我们可能要租下一个体育场，我说那就租一个体育场。说公司现在要求敬畏每一分钱，柳青只能住汉庭、如家。但我们对英雄不吝啬，我们租下附近所有四星级和五星级的酒店，让大家有回家的感觉。

刚才我在场下看到开场视频，里面的每一张照片记录下这3年我们走过的每一个瞬间，我的内心无比的激动。无比的自豪，为今天我们共同付出，共同打拼的滴滴感到自豪，也为今天所有的同学，为大家感到深深的自豪，为大家骄傲。

3年前，那个冬天跟今天的冬天一样寒冷。那个时候，如果我们要叫一辆出租车，我们只能去路边，在寒风中、雾霾中等车开过来找你。我们说未来有没有可能，所有的人在屋里面可以叫好车，车到了再下楼。所以有了滴滴打车，所以有了快的打车。

1年前，我们用手机只能叫到出租车，不管我们怎么努力，在高峰期只有40%的用户能够叫到车。我们说能不能提供更多的供应，能不能提供更多的服务，满足不同用户的需求，所以有了服务更好的专车，所以有了更加便宜、更加快捷的快车。在半年前，我们意识到，最大的瓶颈是道路资源稀缺。有没有可能把所有同行人都拼在一起，所以有了顺风车，所以有了滴滴巴士，所以有了今天的快车拼车。

我经常在办公室里看着屋外面所有的车流，我想出行的梦想就是用互联网把所有的交通工具都连接到线上。用越来越强大的交通云、越来越智能的调度引擎去调度一切、导航一切，去提升整个城市的出行效率，提升每一个用户出行的体验。这就是我们为之奋斗的出行梦想。我们在一点一点地打拼，在实现它。

我们的梦想并不只停留在心里面，需要我们一场仗一场仗地打，一步一步地往前走。我们的梦想是从没有人相信，是从无比艰难开始的。今天，我们也请到了一些跟我们一路走来的出租车、专车、代驾的司机师傅，我们用掌声感谢一下这些师傅一直以来对我们的支持和认可。

最早我们开始有这个想法的时候，我们想在中关村找一间房子开始创业，但是我们没有钱，我们甚至请不起中介，我们借了一辆车沿着四环往中关村，一个楼一个楼地找，最后找到了中关村e世界，一个卖场商家楼上的仓库，他愿意以很便宜的价格把那个仓库租给我们使用。在第一天，我问身边所有的最聪明的人，打车软件靠不靠谱。他们都告诉我，说这条路走不下去，因为出租车司机没有智能手机，因为中国没有诚信环境，你叫到了车，车也不一定来，车来了你也未必等他。

当时，没有移动支付的习惯，我们最多只能做成一个信息平台，没有商业价值。这条路，有政策上的阻碍，挑战非常大，最聪明的人都告诉我不可能。但是，我们还是选择了义无反顾地走下去。

只有那些相对比较“傻的”人选择了相信我们。确实，出租车司机没有智能手机，我们的团队就在路边，在火车站，在机场，在北京，在杭州，在深圳，一个一个地去教司机什么是智能手机。

起初几乎没有多少人用智能手机，一年多的时间，出租车群体变成中国智能手机普及率最高的群体。我深深地为所有在一线拓展出租车、专车、代驾、巴士等服务的兄弟们感到骄傲和自豪。

今天，我相信有很多分散在我们身边的同学是从各个区域回来的，能不能给我们招个手，让我们看到你们在哪里？滴滴的梦想就是从每一个司机，从他的犹豫到他相信开始的。确实，在我们创业的时候，用户并不习惯在线支付，那又怎么样。

我们想办法去改变用户的习惯，到今天为止，移动出行是整个移动互联网最高频的支付场景。我深深为那些在微信支付、支付宝支付及补贴大战的整个过程中改变了支付市场，改变了在线支付习惯的我们的产品部门、市场部门的同学感到骄傲。

今天，我们有5076个兄弟，我们坐在这里。但是，我们永远要记得我们是从一个单纯的小小的出行梦想出发的一个创业团队，滴滴有今天最根本的是我们是一个相信梦想、相信事在人为的团队，这个精神希望大家永远能保持下去，把不可能变成可能。

三年半的时间，我已经记不得打了多少场硬仗了，记不得多少次动员大家，我们只有往前的道路，只有信念，没有退路。在任何关头我们如果没有顶住就死掉了，今天就不会坐在这里。今天，我们是拼搏出来的，背后最重要的是一群拥有拼搏精神、独立思考、极致执行、拥抱变化的小桔人，公司越来越壮大，但这种精神的延续是未来最重要的事情。今天，有5000多个同学，从不同时间段加入滴滴。

但是我看到身边的同学变得越来越像，我们在互相感染，我们希望大家都能够在公司里打开自己，和身边的同事们交心。打开自己才能互相了解，相互了解才会有信任，信任才会有我们在一起简单的氛围。我们希望大家永远保持住激情，激情就是我们做事情的标准，是我们每一个人对自己的要求，就是我们保持一颗冠军的心。

今天，这个体育场还有一点冷，但是我希望所有的小桔人用我们的热情、激情，在今天的年会和今天的晚会上引爆整个现场。有什么是年会需要跟大家讲的，有什么是未来我们最需要保持和坚守的？就是过去三年我们创业的精神，就是我们的那个梦想和背后的坚持。我们相信独立思考的力量，滴滴到今天，就是一个独立思考的案例。我们做了很多原来互联网没有做的事情，引领整个时代。

在我们创业的时候，中国最主流的是易到这样的专车软件，国外也是一样。只有我们相信出租车是最好的切入点。我们走了一条全世界没有人走过的道路，到今天美国的纽约出租车司机还是在扫街。很多人都讲，补贴战役是一个营销战役，在我的心目中，它是一个独立思考的产品战役。感谢当时的产品团队，我们并没有像别人循规蹈矩地简简单单做一个支付而已。当时中国的出租车并不相信在线支付，北京连市政交通一卡通都是不接受的，怎么办？

让我们去独立思考，为什么司机不愿意接受，是因为不方便。可不可以我们设计一个中间账户，在用户付款的那一秒，告诉司机钱已经到账，你可以立马提现出来，就这样一个小小的改进，彻底地改变了在线支付的习惯，也彻底地改变了互联网的格局。所以，任何暴风骤雨背后都是一个独立思考的小小创新。

所有的互联网企业都做过红包，只有我们把红包这样的工具用到了极致。不仅仅是市场上的一些产品、一些营销，我们在独立思考，而且我们整个公司体系也希望是未来新生代互联网公司中最适应市场变化的体系，而并不是照搬某一个成熟公司的体系。

我们也有自己的蓝莲花，有自己的太阳花，我们还有DMW。最新一期的DMW是培养公司管理者的课程，在它上线前，我们整个培训部的团队花了两个多月的时间打磨了几十个版本。谁还没做过培训，但是又有哪一场培训真正震慑到我们的心灵，真正改变我们的职业生涯？

我特别希望这种不循规蹈矩而能够独立思考的精神能延续下去，滴滴能够持续创新，能够不断引领整个互联网和中国商业界的发展，我们要记住我们独立创新的价值观。

光有想法不行，还需要极致执行，整个滴滴的发展历程就是一个极致执行的经典案例。我们有太多不可能完成的任务被完成了。从早期的冷启动，我们想要在两个月内拉到1000个司机，无比的困难，我们拜访完了北京的100多家出租车企业，没有一家企业愿意跟我们合作，我们找不到用户使用打车软件，我们把同学派出去在各个写字楼的食堂发传单，还是没有起色。

这个时候我们依然不放弃，有了太多在北京西站极致执行一个冬天拉1万个司机的案例。在补贴大战的时候，我们的同学就像一把利刃一样进入到每个市场，所向披靡，极致执行。去年我跟柳青制订了一个计划，希望在去年的春节前完成滴滴快的的合并，那个时候互联网并没有像今天这样，还没有移动互联网的企业，竞争对手能够走到一起，花了22天的谈判就解决了所有的问题，解决了所有的法律条件，我们在春节前完成了合并。

说到战略和投资部门，我们希望在去年融一轮历史上没有人融过的钱。Steven说像这样的案子在传统投行起码需要30人，半年的时间。我说你有多少人，他说只有他一个人。但没有什么不可能，30天后我们融到了30亿美元，破了全世界所有未上市公司融资的记录。我们有太多七天七夜的故事，我听说大数据有一个同学，为了能够完成交易引擎的改造，已经有半年的时间无休，并不是因为太多的压力，太多的要求给他，是他对于自己的目标的执着。半年的时间，不管是国庆还是周末，都在加班。所以才有了今天我们专车、快车不断地上线，其他项目飞速地前进。

专车部因为订单增长非常快速，系统需要重构，我们专车事业部的技术团队决定整个春节无休，连续作战。我永远记得七天七夜，那次在补贴大战的时候，整个系统在一两周的时间里翻了十几倍的流量，完全顶不住，买机器都买不过来。那个时候公司还在e世界，我们只有一间办公室，一间会议室，那个会议室还没有窗户，连续通宵人就会头晕。

我带着张博出去找3W咖啡，希望他们把楼上的办公室借给我们，我们找腾讯问能不能借给我们办公室，我们的同学回来告诉我原来别人家的办公室里还有那么多好吃的。所以我说我们希望未来能给大家提供越来越好的办公环境。

我们在腾讯的办公室里拼了七天七夜没有人回家，我跟大家一起经历了最后一天。我记得那天晚上，整个公司的女同胞，都拎着牛奶，都拎着点心看望我们的技术哥哥们，那些疲惫不堪的技术哥哥们又焕发了活力。

在凌晨四五点钟，终于完成了系统的重构，我也在那里住了一晚上，第二天五六点钟就醒了。整个办公室的各个角落里散落着行军床，大家倒在各个角落里鼾声此起彼伏。

我记得一个工程师出来告诉我，说七天没有换隐形眼镜，所以要去医院才能把眼镜拿出来。我记得安全部门的负责人第七天出关的时候是他老婆的预产期，他直接去了产房。外面觉得滴滴是一个奇迹，但我知道大家是怎么样一步一步极致地拼搏，打赢了每一场硬仗。如果不能够坚守阵地就没有未来，我们一直是没有退路做到今天的。

拥抱变化，独立思考，想清楚以后极致执行，我们还能根据环境灵活地调整，这是滴滴最重要的能力。

我们能够在冷启动，铺设城市后迅速地适应超级营销，让公司抓住机遇快速发展，我们又能够在激烈的时候停下脚步，滴滴与快的融合，并且迅速地变成一个团队，变成一个公司，变成一个梦想。我们能够在一个业务赢下来之后迅速地完成多元化，要知道多元化是多少公司的梦魇。我们能够在多元化后保证每一个业务的战斗力，保证在很短的时间里迅速地赢得局部战场的能力。拥抱变化使我们整个公司能够快速灵活调整，沟通成本非常的低。

专车上线的时候，我们一天的时间就集结了几百个出租车的兄弟加盟了专车。到今天，我们有许多原来的出租车团队兄弟做过三四个业务的开拓，去了专车，去了顺风车，去了巴士，又回到专车团队，毫无怨言。哪怕到最近我们在思考2016年组织变革的时候，我们依然还是只需要聊15分钟就可以做决定。快速灵活，公司没有私利，这是整个滴滴能够快速适应环境，不断快速挺进的很重要的原因。

今天的滴滴依然是一家快速发展的创业公司，要记住我们的出行梦想，我们的使命是让出行更美好。我们的目标是打造一个中国人领导的、全球最大的一站式移动出行平台。我们的目标是在未来3年的时间里，不管你在什么地方，在什么时间，3分钟内都可以叫到一辆车。

要实现我们的目标，最重要的事情就是要不断地提醒自己要保持艰苦奋斗的创业精神，简单、开放、激情的团队文化，独立思考、极致执行、拥抱变化的做事情的态度。同时防止公司在发展过程中变成一家缓慢的、臃肿的，甚至是腐败的、官僚的、平庸的大公司，这需要今天很年轻的滴滴和所有的小桔人一起努力。

2015年，是整个滴滴高歌猛进的一年，这一年我们经历了3件大事。

第一件大事是滴滴、快的的融合。两家年轻的公司，两个价值观相近的公司，就像两个价值观相近的年轻人，一结婚就迅速地真正地在一起。还记得我们的口号吗？打则惊天动地，合则恩爱到底。这好像是很久以前的事情了，但实际就是去年的春节。今天，我们已经是一家人，一个公司，一个梦想。

第二件大事是在专车、快车，我们打了一场硬仗。原来我们以为滴滴、快的之间就是决赛，后来我们意识到这只是亚洲区的小组赛，在中国最强大的团队走到一起后我们要完成后面的使命，就是迎接全球最后的挑战。不仅仅是我们，一代一代的中国互联网公司都面对过这样的挑战。

昨天，在新浪年度十大经济人物颁奖的时候，主持人问我2016年怎么看专车市场的竞争。我说中国互联网公司历史上没有输过，滴滴也会不辱使命。

不仅仅是有一口傲气，是我们真正要沉下心来去思考如何壮大自己，如何在技术上赢得领先。如何在体验和服务上赢得领先，如何在创意的市场营销上赢得领先，如何在我们的效率上、成本上赢得领先，如何能够在团队上碾压对手。这一年，因为更加职业的竞争，我看到了公司快速地学习和成长。促使滴滴快速发展的最重要的关键点，就是无比残酷的竞争。

我相信，仗是永远打不完的，未来还会有不同的对手，最重要的事情是我们要永远能够找到竞争之中强大自己和赢得竞争的方法和乐趣。

第三件事情是在下半年，我们在控制住了专车、快车的市场份额后，开始完成了平台的梦想。在去年年会的时候我讲过，2015年公司的使命是从滴滴、快的打车变成滴滴出行。去年下半年我们开始了高歌猛进的市场整合。出行一定是一个平台化的公司，就像携程和淘宝，早期都是垂直切入，最终用户只需要一个大的平台，用户告诉你需求，平台去帮助完成一切。所以我们在非常艰难的情况下孕育了顺风车，孕育了代驾，孕育了巴士，孕育了试驾。

我的内心非常忐忑，从来没有哪家公司这么做过，在这么短的时间推出这么多垂直的产品。很多人跟我讲，滴滴理论上都会输掉一两场仗，但是今天我们站在这里无比骄傲，滴滴在所有的业务线全部是第一名，为你们感到无比的骄傲！

大家记住，2015年是滴滴卡位整个出行格局、打造一站式平台高歌猛进的一年。2016年是整个滴滴修炼内功、夯实基础的一年。这样的调整是因为内外的环境发生了一些变化。外部，过去一个经济周期里，整个资本不再狂热，而是慢慢地冷静下来，全球的经济、资本市场进入了新的寒冬周期。感谢我们的战略团队在入冬前储备了最多的粮食。

内部则是更重要的原因。我们迅速地赢得了市场的规模，在靠营销赢得了规模之后，我们还有大量的内功并没有修炼好。就像拳头打出去之后必须收回来才能打第二拳。你跳起来以后要蹲下才能持续地再往前跳一步。

我们的业务规模已经是中国互联网第二大交易平台，在整个春节，我们每天的订单都会突破1000万单。这是什么概念。在我们前面只有淘宝，我们远远超过京东。今天滴滴的市场覆盖率和渗透率在二三线城市只有京东的1/7，但是我们的交易频率已经远远超过了电商，那是因为我们本身就是最高频的需求。我们可能一个月只有一两次购物，但是每天就会有一次两次的出行。我们还有很长的路要走。

我们要找准我们的节奏。

2016年修炼内功，第一是我们的体验驱动。今天，我在外面见到我们的用户，我的内心是惶恐的。我都会问他，能不能打到车，有没有什么做得不好的地方。他们都会告诉我们一二三四五，或多或少还有很多地方做得不到位。

我手机上有很多的司机和乘客的微信和联系方式。他们会不断地给我反馈各种各样的信息、告诉我规模很大但是企业细节做得不好。没有哪家公司不是以服务好用户、获得用户价值为最基本的生存条件的。我希望从去年年底开始的太阳花项目起，公司对体验的关注能够变成我们的文化，变成我们血液中的东西。

大家看到了，我们举办了太阳花的比赛，那只是一个形式，最重要的是我们所有人的价值观，必须要把最重要的关注点放在这个地方。在2016年，我们的高管都是要求每个月必须要体验自己的产品很多很多次。我们还会要求所有的管理者，所有的产品经理、运营经理去当客服，去听用户的声音。公司发展壮大了，最大的挑战就是我们离用户远了，离一线拼杀的兄弟们远了。

我们的太阳花还会坚决地执行下去，我知道还有很多体系不健全，还有很多未必那么公平。但是，我们每一个不足都是以辜负用户的期待为代价的，所以太阳花输掉的团队真的去扫了厕所。扫厕所不丢人，我们也是服务者，那些阿姨也是服务者。如果不能提供给用户好的产品，那就从最简单的把厕所扫干净开始。今年第一个月服务最差的团队会裸奔。没有服务好用户，我们跑得再快都是在裸奔。我特别希望2016年夯实好我们的技术基础，为未来打造一个中国最领先，甚至全世界最领先的大数据团队打好根基。

任何的变革本质是技术的变革，我们希望滴滴未来是一家技术领先、能够不断地引领尖端技术、创新探索的公司。虽然我们很年轻，只成长了3年的时间，但是我们立志于架构一个未来最强大的技术和大数据的团队，大家拭目以待，也希望大家给我们身边的技术哥哥一点掌声。

修炼内功，第二是我们希望能够提高公司的效率。前两天富士康的郭台铭来我们公司交流，我说为什么富士康是台湾第一大企业，是中国最大的制造业企业，他给我讲，他占了中国出口总额的2.5%，他说就是追求极致的效率才成就了这些。今天滴滴为了速度有很多浪费的现象，我希望敬畏每一分钱变成2016年我们文化和血液中的东西。

我希望我们的财务部门、公共运营部门能够帮助大家提升效率，最终效率最高，成本最低的企业能够活下来，这个企业需要敬畏每一分钱。

柳青加入公司的时候，我很忐忑地说，未来可能没法坐头等舱。她是在滴滴学会在经济舱怎么放行李的，柳青也只能去住汉庭酒店，她第一次告诉我说汉庭酒店也不错，因为床边上还有充电的USB接口。

我跟她在美国参加中美互联网论坛，可能只有我们是住在普通的经济型酒店里，那个酒店有100多年。后来我们换了一家酒店，这并不是要省多少钱，我只是在提醒自己和身边的团队，我们还是一家创业公司，我们并没有赚钱，我们必须要敬畏每一分钱，希望大家也是一样。有主人翁精神，珍惜每一分好不容易拿到的钱，把它的效率用到极致。

最重要的修炼内功是建设好我们的团队，无数人问我说，对于滴滴你最大的担心是什么。我说只有一件事情，就是公司人越来越多，很多的人我不认识了，在两年前公司的年会只有200人，我们找一个餐厅就可以开，200人是最舒服的，因为每一个人我都认识。今天我们很多事业部，我要求大家一定要控制在100多人，也是希望大家能够有更长的时间在一起，有一个很好的团队基础。随着公司快速发展，我们的人越来越多，我特别担心是不是跟大家讲清楚了，来滴滴会面临一个什么样的挑战，会面对什么，收获什么。我特别担心有没有人帮助大家融合落地，来到这样一家比较特殊的公司。

我们还没有很健全的管理体系，但有很多成熟的管理者，我们的管理者很多被破格提拔，去帮助其他人制定合理的目标，帮助他们在碰到困难的时候给予大家一些力量，帮助他们去成长。但是，如果我们的拳头捏得不紧了，未来还怎么去继续打拼。所以，2015年在最后一个季度的时候，我说无论如何整个公司不能再超过5000人。去年年底，我们果然是4950人。我希望2016年公司人员不要超过6000人，虽然这有非常大的挑战，今天早上HR团队还告诉我说我们还有500个应届毕业生，那是我们的生力军，从零开始培养的滴滴管培生。还有别的已经在路上的同学，这些加起来已经有五千八九百人了，怎么可能控制在6000人？

我说我们试一试，我们一起想办法不再靠增加人数去增长业绩，而是靠帮助每个人成长、提高我们的工作效率获得未来继续的增长，把我们的有限资源投入到已有的几千个同学身上，让大家不断地在工作中获得突破，获得成长。所以，2016年我们依然会严格控制人员的快速扩张，而把所有的注意力放在管理者的培养上，放在整个内部机制的建设上。

2016年，希望每个同学都给自己制定成长目标，希望一年以后可以变成什么样子，大家一定要相信滴滴是一个有无限可能、快速发展的平台。希望大家成为快速成长的小桔人，在座的很多人第一天加入的时候，可能只有我相信他是可以的，张博第一天把振麟领到我这里的时候，他只开发过前端的iOS软件，他说愿意学习，他那个时候管理系统的后台端，我看到他的电脑上摆着一本书，一边学一边做。

到今天他是整个滴滴公共产品事业部技术的负责人，中间完成了多少次公司快速发展和重构。罗文到我们身边的时候，他很腼腆地说他是1989年出生的，但是如果没有他的快速成长，整个滴滴不会有今天。所以最重要的事情是，公司发展再快但我们不成长这就没什么意义。希望大家给自己制定一些新的目标，去挑战一些没有做过的事情，试一试独立思考，试一试极致执行，看看自己能不能变成那个更加强大的自己。

2016年，公司有3个战略方向，原来我们就讲过，围绕着打造中国人领导的，全球最大的一站式出行平台，我们要做好潮汐、洪流和太平洋。我们的口号是：潮汐打通，平台收关，垂直突破，洪流落地，夯实基础，沉淀文化。

潮汐打通，是指我们所有的交通工具都必须要打通，交易引擎是统一调度的，会推出统一的用户出行助手和智能调度。真正实现把所有的交通工具连接在一起，根据这个用户的特点和用户的交通情况，像他的助手一样给他推荐最适合的方式，这是平台的力量。

去年，我们是7个伸出去的手指，今年要捏成一个拳头，变成一个强大的平台，平台收关是在出行平台上，我们希望结束最后的争夺，锁定行业的格局。2015年移动出行是最热闹的行业，2016年以后，我们希望这个行业不会再有人讨论。

垂直突破，是指每个业务去年打了一个基础，我们的出租车怎么样带领他们升级，提高效率。我们的专车，怎么真的把服务做起来，快车如何能追求极致的效率，顺风车怎么样能够把C2C的交易引擎和产品做好，能够真正让大家愿意共享，这不仅仅是一个理念，也有很好的体验和收获。我们的企业版怎么能够让这么多的百万、千万级的企业，那些传统落后的路边打车撕票的方式变成过去。

怎么能够让“互联网+政府”出行变成现实，是我们代驾的战役打得非常漂亮，无数的朋友都表扬过我们的代驾团队。2016年彻底地干掉对手，赢得战争。

我们的巴士只是刚刚开始探索，怎么样能够真正地把这样更加传统的公交业态信息化、市场化？我们的商业怎么样能够真正地找到滴滴的商业化的模式？有太多垂直领域的思考，太多的突破需要每一个同事，需要每一个团队都能够在2016年加油。

洪流落地，今天的滴滴还是在天上，在云端的线上平台，我们希望未来能够把脚踩在地上，真正地服务数以千万计的车主，我们希望滴滴在2016年把自己定义成司机服务年，从原来关注乘客的出行，到也关注司机的服务和司机的体验。公司会成立专门的部门，以帮助司机群体改变他的社会地位为目的，不仅仅是帮他赚到钱，而是要为这个群体在这个社会里变得更加有地位去做努力。我们希望滴滴未来能够提供透明的、专业的、便捷的一站式车主服务。

夯实基础，就是刚刚讲的，把体验做好，把服务做好，把技术真正做到领先，把效率提升起来，把团队打扎实。

沉淀文化，就是我们一起坚持我们简单奋斗的文化，要抵制那些大公司在这个阶段最容易出现的官僚主义，最容易出现的腐败和其他的一些问题。

2015年已经过去，为所有2015年我们的奋斗、付出及成绩鼓掌，2016年已经到来，2016年会是我们真正打好滴滴根基的一年，我们的未来还有很长远的道路要走。

跟大家讲一下政策，我们是少有的在所有的领域都面临着最艰难挑战的创业公司，除了市场上最激烈的竞争，除了要处理最复杂的资本和巨头围攻的局面，我们还要面对最严厉的政策监管。

大家意识到，我们除了要注册一家成功的互联网公司，提供好的服务，也肩负着推动一个传统的几十年没有信息化和市场化落后的行业改革的使命。

改革是很不容易的，1820年英国出现了第一辆蒸汽汽车。1850年英国才颁发了第一部交通运输法令，那是全球第一部交通法令。

那个法令限制了汽车的发展，它要求所有的汽车在城市里行驶速度不能超过2迈，那个法令叫“红旗法”，要求汽车前面10米的地方有一个人拿着红旗告诉路人危险，要求汽车在马车100米处要停车，目送马车远去才能走。那时候英国交通最大的问题就是怎么样处理街上的马粪，花了30年，他们最终的法令依然还是这样子，但是没有什么能改变得了趋势。

那是第一代汽车的创业者们，改革者们不断地奋斗，不断地改良汽车，让它更加安全、更加有效率、更加便宜，最终人类的文明因此而往前进了一大步。

今天，滴滴所引领的是第二次汽车革命，我们改变的是用车的方式，是因为汽车的发展已经到了一个瓶颈点，中国只有10%的人拥有汽车，但是整个城市的格局已经使得整个城市被堵住，不可能像之前那样每个人买一辆车。

但是，靠限号、摇号、拍卖不能解决问题。必须要把现有的车辆整理好，提供好的、便宜、便捷的第三方出行服务，让大家有一个出口。在车辆有限的情况下，人在增加，这就需要提高每辆车的运载效率。做好顺风车、拼车、巴士，能够让我们的城市可持续地发展，让我们的城市的运行效率变得更高。

这一点是未来的趋势，我永远相信互联网是为解决交通问题提供了一个历史性的机遇，我永远相信未来一定是市场化的，一定是分享经济的。所以，我们要一起加油，一起推动改革，不管遇到什么样的挑战，我们要有信念，义无反顾。

感谢所有同学三年半的努力，今天的滴滴变成了一个中国互联网发展的奇迹。去年，我参加了中美互联网论坛，参加了乌镇互联网大会。我们一定要相信未来10年依然还是属于科技，属于互联网，属于信息产业。

我们不仅仅肩负着我们的使命，也肩负着未来国家持续领先的使命。我们希望自己持续引领中国的互联网企业。但是我们还要记住我们是很年轻的创业公司，最近有很多的光环、很多的关注。昨天我获得了2015年的“十大年度经济人物”，但我内心有非常强烈的敬畏之心，是很惶恐的。我看到了非常多的企业家，很多的企业干了三四十年，我觉得我们还有太多的事情还是在路上。希望我们一起敬畏我们的用户，今天我们还没有把服务和体验做到极致；去敬畏我们的司机，我们还没有真正地改变这样的群体的命运和社会地位；去敬畏我们的员工，那些跟着我们的同事、他有没有变得更好，我们有没有给他们未来；去敬畏资本，我们还不赚钱，我们不赚钱怎么能够长久发展，我们不赚钱怎么能够让我们的同事、家人过上比别人更好的生活。所以滴滴的道路还长，永远怀着这颗敬畏之心，我们继续向前。

说一下年终奖和今天的奖品。我们发了很多红包，也一定不会对自己的员工吝啬，2015年大家做得很棒，所以我们会把所有人的年终奖的基数定在4个月工资。2015年我们是按照大锅饭，今年我们希望拿一半在过年前直接发给大家，只要你工作满一年，起码是两个月工资，就是普天同庆了，剩下的我们会在年后启动绩效考评，绩效是希望未来的团队有更强大的战斗力。

希望大家能够记住，薪水是奖励苦劳的，奖金是奖励功劳的，期权是奖励主人翁精神的，是奖励有突出贡献和有潜力、有未来的同学的。所以，今年我们是一个过渡的年份，我们会把一半的年终奖直接发掉，剩下的一半会作为绩效，平均最少是两个月工资，最多的同学在年后还可以再拿到10个月的奖金。财务告诉我可能要准备5亿元在年前年后发给大家，我说5亿元就5亿元。

去年参加年会的同学们抽奖高兴吗？他们问我今年抽什么，我说我们调研一下所有的互联网公司，我们必须是第一名。我们的年度优秀员工，公司会在三亚买一套别墅，因为税和法律的问题，我们会把一年的使用权奖励给这个员工，也就是他自己或者是家属，或者是团队随他愿意，在三亚最好的海边，我们会买一栋别墅，这一年随便他住，远离北京的雾霾。

今年的一等奖，我们准备了30万元的现金，希望我们的保安能够护送这位幸运的小桔子回家。叫好滴滴代驾，自己最好不要开车。

今天我们的年会也请了明星，我们希望找到那些真正的一线的，但同时又有思想内涵的明星过来，让我们辛苦一年的所有的同学们能够快乐一晚上，能够嗨翻全场！向2015年致敬，敬我们的快速发展！展望2016年，希望大家年会玩得开心，2016年我们一起加油！

参考文献

程维，2015-12-18. 走出国门，在美国、东南亚提供服务. 凤凰网.

程维，2016-2-1. 中国互联网公司历史上没有输过. 凤凰网.

程维，2016-1-1. 2016年将离出行梦想再近一步. 21CN（网站）.

程维，柳青，2016-1-31. 2016年彻底地干掉对手，赢得战争. 36氪（网站）.

滴滴出行官方网站：http://www.xiaojukeji.com/

黄金萍，2016-10-13. 滴滴将成中国最大出租车公司？南方周末（网站）.

刘世辉，2015-07-16. 滴滴快的全国首家“司机服务站”在杭州开业. 光明网.

刘夏，李冬，2015-12-18. 滴滴程维：一辈子不学开车，要做车的“运营商”. 新京报网.

彭彬，2016-8-2. 传言成真，滴滴、优步宣布合并. 南方都市报，（AA01）.

饶贤君，2016-12-16. 滴滴小巴上线，颠覆者或是重蹈覆辙？人民网.

魏凯，2016-09-23. 滴滴快车抢单王自曝月入过万元. 南方都市报，（GA06）.

相欣，2015-12-18. 滴滴程维：滴滴要成为大数据驱动的公司. 腾讯网.

谢睿，2015-12-16. 滴滴：做出行领域的“淘宝”. 南方都市报，（GC06）.